DU MÊME AUTEUR :

Chichinette, OLLENDORFF, 1882.

PÉGÉ DE CÉHEL

DE PARIS A NICE

EN

QUATRE-VINGTS JOURS

PARIS

E. DENTU, ÉDITEUR

LIBRAIRE DE LA SOCIÉTÉ DES GENS DE LETTRES

3, PLACE VALOIS (PALAIS-ROYAL)

—

1889

(Tous droits de traduction et de reproduction réservés.)

PÉGÉ DE CERIN

DE PARIS A NICE

EN

QUATRE-VINGTS JOURS

PARIS

E. DENTU, ÉDITEUR

LIBRAIRE DE LA SOCIÉTÉ DES GENS DE LETTRES

3, PLACE VALOIS (PALAIS-ROYAL)

—

1880

Tous droits de traduction et de reproduction réservés.

DE PARIS A NICE

EN QUATRE-VINGTS JOURS

DE PARIS A NICE

EN QUATRE-VINGTS JOURS

Ce n'est pas pour les agents de change, pour les banquiers, pour les employés d'administration, que nous publions cette relation de voyage ; ceux qui n'ont qu'un mois de congé, ceux qui n'ont que le temps de voir rapidement le rivage de la Méditerranée, depuis Toulon jusqu'à Vintimille, ne sauraient apprécier les lenteurs d'un voyage à petites journées ; à peine aurions-nous l'espoir de leur faire perdre, pendant deux heures, la notion du temps qui s'écoule.

Nous ne nous adressons qu'aux privilégiés de la fortune et de l'oisiveté ; à ceux qui ont acquis, par vingt années de travail, par une sage économie de leurs forces physiques et de leurs ressources financières, le loisir de dépenser, d'une manière utile, leur temps et leurs épargnes.

C'est à ceux-là que nous offrons notre livre ; que

nous proposons l'exemple de M. le comte de Mauperth, notre ami, notre collaborateur.

Ses imitateurs ne feront pas foule ; il n'appartient qu'au petit nombre de pouvoir rompre avec la monotonie des habitudes ; de pouvoir vivre, sans ennui, sur soi-même, pendant trois mois ; mais si peu nombreux soient-ils, il nous est agréable de penser que nous leur aurons tracé la route ; que nous aurons réveillé en eux la sensation de plaisir qu'on éprouve à chercher, à découvrir dans la nature des beautés que la foule n'a pas encore déflorées.

.*.

Nos ancêtres voyageaient, nous disait un soir M. de Mauperth ; aujourd'hui nous nous transportons d'un point à un autre.

J'avais douze ou treize ans, continua-t-il, d'Aumale, comme nous l'appelions alors, m'emmena, un beau matin, avec deux autres camarades de Henri IV, passer dix jours au château d'Eu.

C'était au commencement de juin ; par une matinée splendide, nous partîmes du pavillon de Flore à six heures. Il y avait deux voitures ; dans la première, une calèche à la Daumont, avaient pris place le prince, son précepteur, M. Cuvillier-Fleury et un des trois camarades, à tour de rôle. Dans la seconde, les deux autres, sous la surveillance de l'intendant de la maison du duc d'Aumale.

Les chevaux de la maison du Roi nous menèrent jusqu'au premier relais. A Saint-Denis, nous prenions la poste et un grand sac de talmouses, légères provisions de bouche.

Un piqueur, qui avait une heure d'avance sur les voitures, commandait les relais. Dès la veille, le télégraphe avait annoncé notre passage.

A midi, nous déjeunions à Beauvais ; nous visitions le rempart de Jeanne Hachette, le chœur de la cathédrale et la fabrique royale de tapisseries ; le soir, nous soupions au château d'Eu.

Croyez-le bien, il n'y a pas de train de luxe, de train rapide qui vaille le voyage en poste d'autrefois ; les quatre lieues à l'heure, au galop de quatre vigoureux percherons.

M. Cuvillier-Fleury était un mentor aimable, toujours enjoué. Vers la fin de la journée, à l'heure où le laboureur laisse reposer son attelage pour manger, à l'ombre des pommiers, le frugal morceau de pain qui lui permettra d'attendre le souper à la ferme, trois ou quatre garçons de charrue, que la livrée bleu-argent de la maison du Roi avait attirés en toute hâte sur la route, étaient là, leur casquette à la main, saluant timidement, cherchant à voir le Prince.

« Ces braves gens-là ont envie de nous saluer « d'un formidable Vive le Roi ! » nous dit M. Cuvillier-Fleury, et, se penchant à demi hors de la calèche, son chapeau de voyage à la main, il leur envoie, avec son fin sourire, le plus gracieux salut.

La réponse ne se fit pas attendre : Vive le Roi ! crièrent ensemble les quatre robustes campagnards... et nous, enfants, de leur répondre, en nous levant dans les voitures : Vive le Roi !

Et les braves percherons continuaient de nous emporter au galop.

Bon souvenir de jeunesse !

On ne voyage plus comme ça.....

Le compagnon maçon, charpentier, le carreleur de souliers, le marchand de robinets de fontaines, connaissent encore leur pays de France ; nous, nous ne le connaissons plus.

A vingt ans, nous avons fait, à pied, sac au dos, un voyage en Bretagne, la tournée du littoral normand. A cinquante ans, nous en parlons encore..... On conserve si bon souvenir de ces excursions pleines d'imprévu, d'incidents fortuits, de romans d'une heure !

On en parle, mais on ne recommence pas ; et on fait bien ; la fatigue passerait le plaisir.

Adieu le voyage à pied, sac au dos, continuait en

soupirant M. de Mauperth ; par contre, le voyage en poste me revenait sans cesse à l'esprit, ajoutait-il, mais la poste aux chevaux n'existe plus. Force me fut de recourir au mode de locomotion emprunté à nos aïeux et aux Anglais qui le pratiquent encore dans leur pays ; une bonne voiture, deux bons chevaux et le voyage à petites journées.

J'avais une voiture solide que j'avais fait faire en province, sur mes plans, d'après mes dessins, et qui, je dois l'avouer, était complètement manquée, au point de vue de l'élégance et de l'usage journalier.

Pour diminuer l'effort de traction, il faut rapprocher les roues ; il faut donc, nécessairement, supprimer la portière sur le côté et la placer par derrière.

Si les banquettes sont parallèles à la voie, c'est un petit omnibus ; on est très mal assis ; mais si on consent à se laisser traîner à reculons, on retrouve toutes les aises du coupé le plus confortable.

Mon but était atteint ; cependant, ma voiture, toute légère qu'elle fût, trop enlevée sur ses hautes roues, était lourde d'aspect, triste à habiter.

Je l'avais reléguée sous la remise, à la campagne.

Aujourd'hui, pour l'usage auquel j'allais l'employer, elle me paraissait parfaite en tous points.

Elle allait nous offrir un siège élevé d'où nous pourrions dominer la campagne, découvrir les horizons lointains ; un refuge bien capitonné pour les jours de pluie, et, au besoin, pour y passer une nuit. Car le coupé, c'était l'auberge des jours difficiles, des arrêts forcés au village, lorsque la chambre offerte, qu'on ouvre pour la première fois depuis de longs mois, sent trop fort les salaisons ou les fromages que la femme du cabaretier y conserve.

Je fis revenir ma voiture à Paris et je l'envoyai chez Mulbacher, aux Champs-Elysées, avec ces instructions :

Remonter la banquette servant de siège, à la hauteur de l'impériale ; installer, à la même hauteur, par derrière, le siège du domestique ; couvrir toute l'impériale d'une bâche, pour remiser les licols, les couvertures, deux selles anglaises, le panier aux provisions de bouche, deux petites malles (les grandes suivront par chemin de fer), une gaine pour un revolver de fort calibre, renforcer le frein d'enrayage ; organiser sur le côté, un système de palettes avec une main courante pour monter ; loger sur le côté de l'impériale, deux brancards, se repliant en deux, pour mener à un cheval, le cas échéant. Puis j'allai rue de Ponthieu, demander à M. Lyon-Cheri et à M. Couts de me trouver, dans une, deux, trois ou quatre de leurs ventes, deux purs sang, de six à dix ans, sages-montés, s'attelant à deux et pouvant former à peu près correctement la paire.

Quinze jours plus tard, la voiture était prête; tout était installé à ma complète satisfaction.

Et je ne tardais pas à devenir acquéreur, à des prix modérés, de *Quinquina*, hongre bai, par Charlatan et Suprema, six ans, s'attelle seul et à deux; a été monté par une dame, disait le catalogue.

Et de *Bouquet*, née en Angleterre, fille de Neville et de Sunflower, baie brune, huit ans, jument de chasse, s'attelle à deux.

Deux chevaux de même taille, de même force, de semblable encolure; bien en chair pour des purs sang; pouvant faire un attelage assez correct.

J'avais d'ailleurs, d'excellents renseignements sur le caractère docile, sur la santé robuste, sur la solidité de jambes, sur la fermeté de corne de mes deux agents de locomotion.

Yello, mon grand levrier gris, était en vigueur, ferme sur ses longues pattes; Joseph, mon valet de chambre et cocher, un brave garçon à tout faire, que je savais devoir être fier du bon état de ses bêtes et de son équipage; un débrouillard, qui serait parvenu à trouver un picotin d'avoine, dans le pays Basque, là où d'autres n'auraient obtenu que quelques grains de maïs ; qui se serait passé de déjeuner ou de souper, plutôt que de ne pas assister, jusqu'à la dernière bouchée, au repas de ses bêtes ; Joseph, était impatient de partir ; les malles étaient tirées du grenier...

Une dernière décision restait à prendre : où irions-nous ?

．· ．

M. le comte de Mauperth, hâtons-nous de le présenter au lecteur, est un homme de cinquante ans ; de santé parfaite, grand marcheur, bon cavalier ; d'humeur facile, adorant le mouvement, la campagne, les voyages ; recherchant les impressions que les spectacles de la nature procurent à ceux qui ont appris à voir ; sachant en tirer profit par la réflexion, par la comparaison ; les compléter par des lectures utiles.

M. de Mauperth est marié ; la comtesse, née Jane-Louise d'Astier-Vénard, une adorable blonde, à la chevelure d'or, à la taille élégante, aux attaches fines et aristocratiques, est beaucoup plus jeune que lui. M. de Mauperth avait quarante ans quand il s'est marié ; Mlle d'Astier-Vénard en avait vingt.

Depuis dix ans M. de Mauperth n'a cessé d'adorer

sa femme comme il adorerait son enfant. D'autre part, celle-ci a donné à son mari toute sa confiance, toute son affection, ils ont eu le rare bonheur et le mérite de rencontrer et de fixer l'amour dans le mariage.

La comtesse est d'ailleurs, au point de vue des qualités du cœur et de l'esprit, admirablement douée; sa persévérance lui permet d'atteindre en toutes choses, le but qu'elle s'est fixé. La famille de Mauperth est nombreuse; on y prit bientôt l'habitude de nommer la comtesse, Madame Louise. Le comte la désignera souvent sous ce nom, dans ce récit.

Le bonheur parfait n'est pas de ce monde. Un chagrin violent pesait sur ce ménage. M. et Mme de Mauperth n'avaient pas d'enfant, pendant plusieurs années, la comtesse s'était condamnée à passer, chaque mois, trois ou quatre jours sur sa chaise longue... vain espoir!

Elle avait renoncé à son plaisir favori, l'exercice du cheval... sans succès!...

Mme Lachapelle avait été consultée; ses conseils n'avaient amené aucun résultat satisfaisant.

Les eaux de Luchon, de Saint-Sauveur, d'Ems avaient été inefficaces.

C'était un vrai désespoir; elle aimait tant les bébés!

Sur les promenades, elle arrêtait les nourrices ; prenait à leurs bonnes aux longs rubans flottant, les petites filles tout en rose ou les petits garçons tout en bleu, les couvrait de baisers et bientôt de ses larmes ; car le plaisir qu'elle prenait à les caresser lui arrachait bientôt des larmes amères,

Après dix ans de mariage, elle avait perdu toute espérance, et, cependant, que d'exemples on se plaisait à lui citer de femmes, dont le nom ne lui était pas inconnu, qui longtemps après leur mariage, avaient eu le bonheur de la maternité... à la suite d'une émotion violente, d'une grande frayeur, d'une vive douleur morale.

Depuis un an, Mme Louise avait repris l'habitude du cheval, des longues marches, de la natation, de tous les exercices violents, qu'elle aimait. Elle était donc parfaitement en état de suivre M. de Mauperth dans ce voyage au long cours.

Car, c'est chose grave, que de choisir une compagne pour une si longue excursion. Il y a, sur cette question délicate, des principes à respecter : à vingt ans, on doit prendre un compagnon de voyage ; choisir un ami, un camarade de bon caractère, d'humeur facile, enjouée, et s'abandonner, pour le *reste*, au hasard.

Plus tard, on voyage avec sa femme ; on lui doit

le sacrifice absolu de tous ses goûts ; on ne voyage pas pour soi ; on voyage pour elle.

— Mais la longue pérégrination que M. de Mauperth allait entreprendre ne ressemble pas à un voyage de noces. Un mauvais souper, un détestable gîte, une roue qui casse, un cheval qui se blesse ; tous les hasards d'un mouvement prolongé dans des conditions de confortable laissant, parfois, beaucoup à désirer, ne devront ni l'effrayer, ni troubler sa bonne humeur.

Une jeune mère n'est pas de santé assez robuste pour oser affronter, si longtemps, le grand air, le soleil, la pluie, le vent, l'orage, les chevauchées, les marches, les ascensions, les nuits sans sommeil.

Si votre femme, dirons-nous au lecteur, ne laisse pas de jeunes enfants derrière elle ; si ses trente ans ne l'ont pas encore jetée dans la période critique où le mari commence à perdre de son prestige ; si elle a conservé envers vous assez d'illusions pour supporter, sans irritation, votre présence à ses côtés, pendant douze ou treize semaines ; si vous avez trouvé chez elle une vive intelligence que dix années de vie commune ont développée ; si vous la savez sensible aux magnificences des grands spectacles de la nature, aux beautés de l'art, aux émotions de toute poésie, emmenez votre femme, bouclez vos malles et suivez-nous.

Mais vous n'êtes pas marié, peut-être ? dans ce cas, avouons-le, les difficultés sont moindres. Non qu'on puisse, comme un adolescent, déjà gris de champagne, réclame une soupeuse, une nuit de bal, à l'Opéra, insérer dans la presse une réclame à l'américaine : on demande une compagne pour voyager... non ! les qualités requises sont trop difficiles à trouver réunies ; mais les conditions d'âge, de santé ne sont plus les mêmes ; de dix-huit à quarante ans, les dames au Camélia sont de fer... jusqu'à en mourir, et la Marguerite de votre choix consentira facilement à faire complète abnégation de toute volonté, de toutes ses aises. Elle sera du voyage comme Joseph, comme Yello.

La comtesse était donc enchantée de ce projet. Peut-être, sans oser se l'avouer, espérait-elle vaguement que quelqu'accident imprévu déterminerait chez elle une commotion semblable à celles qui avaient donné une fille à madame X..., un fils à madame Z... après douze années de stérilité.

Le tremblement de terre de Nice aurait peut-être été la cause de plus d'un miracle de cette nature, si les secousses, au lieu de se produire au jour naissant, s'étaient fait ressentir en pleine nuit.

La comtesse l'aurait cru volontiers. Toujours est-il qu'elle étudiait toute joyeuse, avec le comte, la grande question : où irons-nous ?

Quand on passe trois ou quatre mois d'hiver à Nice, ou dans toute autre station du littoral, on éprouve bientôt un sentiment d'irritation, à se voir réduit, comme un écureuil en cage, à se mouvoir dans un espace étroit, parallèle à la mer, que des montagnes neigeuses ferment au nord, que la mer, elle-même ferme au sud. Il faut aller toujours en long, de l'ouest à l'est et revenir encore en long, de l'est à l'ouest, sur quelques kilomètres de large.

Les plus intrépides sont arrêtés par la différence de température qui rend impossible toute excursion vers le nord, sous peine de bronchite et de fluxion de poitrine. On ne passe pas impunément d'un pays où le soleil fait monter le thermomètre au-delà de trente-cinq degrés centigrades, à la neige qui recouvre le sol, dès qu'on s'élève jusqu'à Colmars ou à Saint-Martin-de-Lantosque.

Cette impression, Monsieur et Madame de Mauperth l'avaient éprouvée quelques années auparavant. Leur désir de voir et de connaître les aurait attirés vers ces premiers contreforts des Alpes et ils s'étaient promis de visiter, pendant la belle saison, les montagnes dont ils n'avaient pu, en hiver, qu'apercevoir les cimes lointaines.

Il n'y eut donc pas, à vrai dire, de discussion sérieuse sur le but final du voyage et sur l'itinéraire à suivre.

Plusieurs jours avant le départ, le doigt sur la carte du dépôt de la guerre, le livre des étapes militaires à la main, on étudiait le tracé de Paris à Nice, par la Bourgogne, le Jura, le Dauphiné, la Provence, les Alpes Maritimes. M. de Mauperth faisait relire à la comtesse l'*Histoire des ducs de Bourgogne*, de de Barante; la *Campagne de 1814*, de Thiers; les récits enflammés du souffle patriotique de la guerre de 1871, par le général Ambert, et on attendait avec impatience le signal du départ.

Madame de Mauperth s'empressa d'acheter de nombreux carnets, destinés à recevoir leurs impressions; le comte, et elle, s'étaient promis de s'astreindre à les y consigner jour par jour. c'était le moyen de leur donner l'intérêt de sensations décrites aussitôt que ressenties; de leur imprimer un sentiment de vérité qu'une pochade faite d'après nature aura toujours, si imparfait que puisse être le talent du peintre.

Ce sont ces notes; ce sont nos longues conversations du soir avec M. et Mme de Mauperth, après leur retour, que nous avons recueillies, résumées, mises au net.

Si le lecteur ne les trouve pas dignes de son intérêt, c'est assurément de notre faute.

***

Le lundi, 20 mai 188..., au matin, les roues bien graissées, les chevaux en bon état, les malles et accessoires solidement fixés sous la bâche de la voiture ; Yello témoignant, par ses aboiements joyeux, sa satisfaction, Joseph partait de Paris pour aller coucher à Montlhéry où il devait attendre ses maîtres qui l'y rejoindraient le lendemain.

M. de Mauperth voulait gagner la forêt de Fontainebleau par la vallée de l'Essonne et Milly ; il avait promis à M. de Givry, un vieil ami, de lui consacrer sa première journée. M. de Givry habitait le château de Montapenne près de la Ferté-Alais.

La banlieue de Paris était ennuyeuse à traverser. Joseph mènerait les chevaux au pas, à la descente comme à la montée, et le lendemain, pour gagner la Ferté-Alais et le château de Montapenne, on n'aurait plus à faire qu'une simple promenade.

Joseph trouva une bonne écurie pour ses chevaux dans une des auberges de la route et dès le matin, le lendemain, M. et Mme de Mauperth arrivaient à

Montlhéry, montaient aux ruines de la tour ; évoquaient les souvenirs les plus reculés du vieux château ; reconstituaient la bataille de Louis XI et du comte de Charolais et quittant le passé pour le présent, cherchaient à découvrir, à l'ouest, le clocher de l'église de Saint-André-sur-Yvette et le cimetière du village, où reposent, après une vie misérable, les membres de la famille Desgrossous, dont tout Paris avait, plusieurs années auparavant, disséqué avec avidité, pendant toute une semaine, la scandaleuse histoire.

Puis, grâce aux palettes, à la main courante, savamment disposées, M. et Mme de Mauperth s'élançaient lestement et sans efforts sur le siège, et les deux purs sang, que la course de la veille avaient mis en haleine, après avoir traversé Arpajon, grand train, côtoyé l'Essonne, franchi la Ferté-Alais, les déposaient, en un temps de trot d'une heure, au pied du perron du château de Montapenne, où M. de Givry s'empressait à les recevoir.

La journée fut consacrée à visiter le parc et le pays si pittoresque qui l'entoure. Le soir, quelques voisins se réunissent chez M. de Givry ; on fait un peu de musique, un tour de valse et au moment du départ, des chuchotements mystérieux prouvent qu'il se trame quelque ténébreux complot pour le lendemain.

Dès la première heure, en effet, M. de Givry, sans prévenir ses amis, donne à Joseph les ordres de départ : tu vas t'en aller à Milly, lui dit-il ; il te faut deux heures, au pas. Tu t'arrêteras à l'auberge du *Lion d'or*, et tu y attendras tes maîtres. Aujourd'hui, je les garde ; demain, je les conduirai moi-même à Milly. Nous arriverons à huit heures. Tu mettras les brancards ; l'aubergiste te donnera un cheval et son garçon pour mener ton coupé à Marlotte ; tes maîtres traverseront la forêt à cheval.

Allons ! pas d'observation, et vivement ! au revoir, Joseph ! et il lui mit cinq francs dans la main.

M. de Mauperth et la comtesse étaient prisonniers.

M. de Givry, avait organisé, avec de bons voisins, une grande partie de campagne : dîner sur l'herbe aux rochers de Nainville, promenade à la fête de Soisy-sur-Ecole ; danse sous la tente jusqu'à dix heures et retour à la lueur des torches.

Le lendemain, cependant, pour respecter le programme de ses hôtes, M. de Givry, dès les premières heures du jour, faisait sonner par ses gardes la fanfare du réveil et les reconduisait lui-même jusqu'à Milly, en suivant d'abord l'Essonne, puis traversant les roches de Misery et les Longs-Vaux.

Arrivés au *Lion d'or*, nos voyageurs s'empressent de revêtir leur costume de cheval.

La rouanne de l'aubergiste est attelée au coupé ; le garçon est sur le siège, fouet à la main ; Joseph a donné son dernier coup d'œil pour ne rien oublier ; après un dernier adieu à leur ami, les cavaliers prennent, au pas, la route qui conduit à Arbonne.

Après avoir dépassé les rochers du Laris qui parle, écouté pendant quelques instants le murmure étourdissant des milliers d'abeilles, frelons et bourdons, qui butinent, au soleil du matin, les fleurs du thym et de la bruyère, couvrant au loin cette plaine sablonneuse, nous laissons Arbonne à gauche, pour éviter la plaine du Chaufroy, et nous entrons en forêt par la vallée de la Gorge-aux-Archers (disaient les premières notes de M. de Mauperth) ; mes souvenirs me permettaient de nous guider, sans recourir trop souvent à ma carte de la forêt, et de nous enfoncer dans maintes routes et sentiers, au milieu des rochers les plus pittoresques, des plus beaux bouquets de charmes et de hêtres, des carrefours les plus sombres. Nous gagnons l'étoile des grands feuillards ; traversons la route de Nemours à la croix de Souvray ; celle de Bourron à la croix de Saint-Herem ; nous invoquons en passant le souvenir du chasseur Noir et de Latréaumont, cette histoire de France, mise à la portée des liseurs de romans, par Eugène Sue.

Nous laissons de côté la Gorge-aux-Loups pour le lendemain, et, en arrivant à Marlotte, nous avons la satisfaction de trouver Joseph, attendant, les licols à la main, l'arrivée de nos chevaux. La litière est prête ; notre déjeuner est commandé ; Joseph a fait diligence, il est arrivé le premier ; ce qui prouve que, si, en géométrie, la ligne droite est le plus court chemin, en forêt, la route pavée, formât-elle les deux côtés d'un triangle, est plus courte que les sentiers qui forment le troisième côté.

A table ! à table ! nous avons bien gagné notre déjeuner.

Le cuisinier a fait merveille ; notre appétit ajoute aux condiments qu'il a mis dans ses sauces ; le rôti est à point.

Marlotte, il y a trente ans, était, comme Barbizon, un nid d'artistes bien caché dans un coin de la forêt, bien ignoré.

Si Barbizon n'est plus aujourd'hui qu'un village correct d'où la richesse a chassé le pittoresque, Marlotte va bientôt perdre également le charme des temps passés ; les maisons y sont propres ; les fumiers ne s'étalent plus dans les rues, fumant au soleil ; le plâtre blanc a envahi le pignon moussu ; la tuile a pris la place du chaume où poussaient des petites fleurs blanches sur des tapis de verdures grasses ;

et, si l'aubergiste du *Rendez-Vous des Artistes* expose encore dans la salle à manger les œuvres de ses nombreux pensionnaires, ce n'est plus le décor jeté, après un déjeuner arrosé de petit vin blanc, sur le panneau vermoulu ; c'est une toile correctement encadrée d'or ou de chêne, avec un numéro dans l'angle, pour permettre de recourir au catalogue et d'en savoir le prix.

Nous consacrons une heure aux galeries de Marlotte. Voilà une photographie d'un bon tableau d'Hawkins, cette jeune fille assise sur un banc au sortir de la messe ; on y trouve le sentiment poétique d'un Emile Adan.

Nous descendons à Montigny, dans la verte vallée du Loing, si fraîche avec son double cours d'eau, la rivière et le canal. Quel bon repos dans ces hautes herbes, à l'ombre des peupliers dont la feuille tremble à la brise !

Plus loin, là-bas, c'est Nemours et le souvenir d'Ursule Mirouet.

A droite, c'est la tour de l'église de Larchant qui élève ses ruines au-dessus du massif des bois de la Commanderie.

Nous parcourons à nouveau notre Dennecourt, en suivant, sur la carte de la Forêt, la promenade du matin et celle que nous ferons le lendemain.

Quels beaux charmes nous avons vus, avec leur écorce diaprée comme une peau de serpent ! Comme le soleil se jouait en reflets d'or sur ces grès tapissés de mousse verte ! Et cette biche avec son faon, comme elle nous regardait fière et sans frayeur !

L'Angélus a sonné depuis longtemps ; nous remontons à Marlotte. De chaque maison monte, dans la brume du soir, la fumée blanche du souper ; les portes sont ouvertes ; la ménagère va, vient, fait cent tours ; l'homme a jeté sa houe, s'est assis sur le banc, les enfants autour de lui. C'est calme, c'est simple... comme un Millet !

L'odeur de la soupe à l'oignon nous semble bonne et saine ; nous ferons honneur au souper.

Vendredi, de Marlotte à Moret (10 kilomètres).

Moret, hôtel de l'Écu.

Une courte promenade que nous allongerons par quelques détours, de côté et d'autre, là où nous attireront les splendeurs de la forêt.

Il est sept heures à peine, nous sommes à cheval ; nous gagnons la Gorge-aux-Loups, cette merveille, dont les amateurs de peinture connaissent par d'innombrables toiles chaque arbre, chaque rocher.

Nous prenons par le long rocher ; nous passons à

la Table-du-Roi ; nous montons au plateau des Trembleaux. Deux jours de promenade à l'ombre des charmes et des hêtres séculaires nous font apprécier les grands horizons des vallées de la Seine, de l'Yonne et du Loing. Voilà Montereau avec ses deux rivières ; sur notre droite, Nemours ; il faudrait avoir le télescope du fort l'Empereur et deux heures à perdre ; nous avons devant nous plus de vingt lieues d'étendue.

Par les Sablons, nous regagnons la route. Nous sommes à Moret.

En attendant le déjeuner, nous voyons ce qu'il faut voir à Moret ; nous achetons du sucre d'orge à l'hospice ; nous retrouvons, du côté de la gare l'immense panorama dont nous avions joui tout à l'heure au plateau des Trembleaux ; voilà Veneux-Nadon, By, la retraite de Rosa Bonheur, Thomery et ses murs, ses espaliers; Effondré et son château, un souvenir du roi Henri ; Saint-Mammès, la rivière et le canal du Loing ; la Seine, et, sur sa rive droite, Champagne et sa forêt, Argeville et Vernou ; à l'autre porte de Moret, nous découvrons l'obélisque de Froidefontaine, qui, s'il n'a pas les souvenirs historiques de l'obélisque de la Reine, à Grande-Paroisse, a vu, bien certainement, avant l'invention des chemins de fer et des treillages qui protègent bourgeoisement la plaine contre les ravages du gibier, plus d'un dix cors prendre l'eau pour chercher un refuge dans les forêts de Valence et de Vuillefermoy.

Enfin, avant que la friture soit prête, nous avons le temps de lire, dans notre *Guide Joanne*, les quinze lignes consacrées à l'histoire de Moret, avec la crainte, il faut l'avouer, d'en oublier bien vite une partie.

Nous devions aller dîner et coucher à Montereau; mais l'étude de la carte nous fait changer d'avis. De Montereau à Sens, la grande route nous présente une longue ligne toute droite, bien plate, bien ensoleillée; voilà de quoi nous effrayer un peu.

Nous irons de Moret à Sens par la vallée de l'Orvanne; c'est un peu plus long; mais nos chevaux sont en bon état; ils ont trouvé épaisse litière. Nous prendrons le chemin de fer pour aller visiter Montereau; nous reviendrons ce soir coucher à Moret.

Thiers, il y a quelques jours à peine, avait rappelé à Mme Louise les *héroïques efforts de la campagne de 1814, Montmirail, Montereau*. De Barante lui avait raconté l'assassinat de Jean-Sans-Peur.

En allant visiter le pont de Montereau et la statue de Napoléon Ier, nous savions évoquer de grands et tristes souvenirs: 1814! 1419! « C'est par cette « large plaie que les Anglais sont entrés à Paris », aurait dit, en 1521, le roi François 1er, se faisant ouvrir le cercueil de Jean-Sans-Peur, dans la chapelle de la Chartreuse de Dijon.

L'histoire prête volontiers des mots d'esprit aux grands de la terre.

Nos regards se portent sur la rivière en amont.

La Seine ne commence, en réalité, qu'à Montereau. Avant le confluent de l'Yonne, elle a moins d'importance que l'autre rivière, sœur. Les cent détours qu'elle décrit, les boucles qu'elle forme, en remontant à Bray, à Nogent, s'ils agrémentent ses rives fleuries, ralentissent son cours, en tant que chemin qui marche, elle va moins droit au but. L'Yonne a d'ailleurs reçu, un peu au-dessus de Joigny, le canal de Bourgogne et sa batellerie.

Nous allons dîner à l'hôtel du Grand-Monarque et nous rentrons coucher à Moret.

Samedi, de Moret à Vallery (21 kilomètres), et de Vallery à Sens (25 kilomètres).

Vallery, hôtel Petit-Pas.   Sens, grand hôtel de Paris.

Le lendemain, de grand matin, nous partions de Moret pour aller déjeuner à Vallery, charmant petit village traversé par l'Orvanne et dont le château et l'église méritent une mention spéciale.

Après avoir traversé le Loing et le canal, au pont

de Bourgogne, nous tournons à droite; nous côtoyons la montagne du Trin; nous traversons Dormelles, Flagy, Toury; nous sommes à Voux; une heure après, à Vallery.

Nous montons au château; du vieux château de Vallery, bâti au XIIIe siècle, il ne reste plus qu'une porte fortifiée enclavée dans les bâtiments de la ferme, de vastes fossés, quelques tours en ruine. Quant au château, renaissance, commencé par Philibert Delorme, il est dans un état de délabrement regrettable.

Dans l'église, on nous montre les tombeaux du comte de la Ferrière, du prince Henri II, père du Grand-Condé, œuvre de Claude Sarrazin; la dalle tumulaire de Louis-de-Bourbon, tué à Jarnac en 1569.

Nous avions vu tout ce qu'il y avait à voir à Vallery et comme il fallait laisser à nos chevaux un bon temps de repos, nous avions encore deux heures à perdre.

Nous nous dirigions vers les belles prairies que baigne l'Orvanne, notre *guide Joanne* et notre carte à la main, lorsque, au détour d'une sente, nous nous trouvons en présence de mon ami Delaunay.

Grand étonnement, force explications et compliments... quand il a motivé sa présence à Vallery par le désir d'acquérir, aux enchères, le lendemain,

quelques champs enclavés dans les terres de sa ferme, que nous apercevons là-bas, derrière ce rideau d'arbres, nous l'entrainons à l'ombre, lui expliquons le but de notre voyage ; nous suivons avec lui, sur la carte, le chemin parcouru le matin, celui qui nous reste à faire ce soir ; nous avons laissé de côté la vallée de l'Yonne, lui expliquons-nous...
« et Villeneuve-la-Guyard, nous répond-il, en soupi-
« rant ; Villeneuve-la-Guyard et l'auberge de la veuve
« Lasbène, un souvenir de trente ans ! »

Le soleil nous envoyait ses rayons à travers les feuilles des ormes et des peupliers ; une brise légère tempérait les ardeurs du jour ; nous étions bien assis, nous ne laissâmes pas tomber sans la relever avec insistance, l'exclamation de mon ami, « allons, Delaunay, contez-nous ça... »

Et mon ami de nous dire son aventure à Villeneuve-la-Guyard.

J'avais vingt-cinq ans ; je travaillais beaucoup ; j'avais peu de temps à donner aux aventures galantes ; cependant, un jour, j'étais devenu éperdûment amoureux ; amoureux d'une femme du monde.

Elle était jeune ; elle était belle ; elle appartenait à une famille des plus honorables ; ce n. ont pas des relations de société qui me l'avaient fait connaître ;

depuis près d'un an, je la rencontrais, chaque jour, lorsqu'elle amenait ses deux enfants à la promenade, les laissant ensuite au jardin, sous la garde d'une vieille bonne, pour ne les venir reprendre qu'une heure ou deux plus tard, souvent alors, accompagnée de sa mère ou de son mari ; son mari, un vieux qui grondait toujours.

On comprend que dans ces conditions-là, une cour assidue fut difficile ; je vous ferai grâce des longs préambules de notre roman.

J'étais donc amoureux et Madame X. avait pu me laisser comprendre que, par bienveillance, par commisération peut-être, elle était disposée à ne pas se montrer trop sévère ; à me permettre de lui dire toute la violence de ma passion.

J'en arrivai à être assez osé pour solliciter un rendez-vous, à l'abri des regards indiscrets des promeneurs, des interrogations muettes de la bonne et des enfants.

Madame X. ne repoussait pas ma prière d'une manière absolue ; mais les occasions lui paraissaient bien difficiles : non, non ; jamais ici ; jamais là, me répondait-elle ; à cause de ma mère, de mon mari, de nos amis ; de mes amies, surtout. Non... plus tard ; un jour, à la campagne, loin de Paris ; soyez patient... la patience est-elle si difficile, quand on est sûr de l'affection de la personne aimée? et un serrement de main, à la face de vingt promeneurs qui passent, était la seule récompense de tant d'amour.

Un jour, enfin, jour heureux entre tous ! Mon mari
« part demain en voyage, me dit-elle, je confie mes
« enfants à ma mère ; je vous donne vingt-quatre
« heures. »

En quelques minutes, notre plan fut fait et nous nous séparâmes plus tôt qu'à l'ordinaire ; il nous semblait que la vieille bonne, que les enfants nous épiaient avec plus d'inquiétude que chaque jour.

Voici ce qui avait été convenu : le lendemain, à trois heures, nous prendrions, arrivant chacun de notre côté, le train omnibus de Lyon-Méditerranée ; elle descendrait à Villeneuve-la-Guyard, au-delà de Montereau ; elle irait à l'hôtel de la veuve Lasbène, une vraie auberge de rouliers ; mais elle s'y était arrêtée toute enfant ; les chambres lui avaient paru propres ; le linge bien blanc ; nous trouverions toujours bien une omelette, du petit vin de Joigny... un vrai souper d'amoureux.

Moi, je descendrais à Montereau ; parce que deux voyageurs arrivant par le même train, se remarquent à Villeneuve-la-Guyard ; je prendrais, en passant, un pâté chez Lasserre : j'irais à pied jusqu'à Villeneuve ;

elle viendrait au-devant de moi, en se promenant, jusqu'à Bichain. Elle emmènerait avec elle quelqu'enfant du pays, pour ne pas avoir peur et nous reviendrions ensemble. Il ferait déjà sombre quand nous rentrerions à l'auberge, personne ne nous verrait. Quelle bonne promenade, au crépuscule, en pleine campagne !

Le programme fut suivi de point en point. La veuve Lasbène se hâta de préparer la grande chambre bleue. Ça sentait un peu le renfermé. Mme X... fit ouvrir les deux fenêtres et la porte. Il y avait encore deux grandes heures avant le souper ; un bon courant d'air allait assainir le temple de nos amours ; nous souperions là, en tête à tête. Dans son empressement à me rejoindre, Mme X... avait poussé un peu au-delà des maisons de Bichain ; quand je la vis sur la route, flanquée d'un gamin d'une dizaine d'années, je m'empressai, je courus, je me précipitai, je lui pris les mains, je les baisai...

Nous confiâmes le pâté au garçon, en lui recommandant de faire diligence, et nous continuâmes plus lentement notre chemin ; elle, appuyée sur mon bras, abandonnant sans résistance à mes baisers passionnés les boucles de ses cheveux qui voletaient à la brise du soir, sa joue, sa bouche même, ses lèvres palpitantes...

La chambre avait un air propret; l'odeur du souper était appétissante; ça sentait bon la soupe aux choux, l'omelette, les fraises..., de saines odeurs, quand tous les appétits sont ouverts.

La mère Lasbène, allait, venait, descendait à la cuisine, à la cave; chacune de ses sorties était pour nous l'occasion de renouveler nos caresses... Quel respect j'avais d'elle pour ne pas pousser vivement le verrou et profiter brutalement de l'absence de notre hôtesse. Combien, plus tard, je regrettai ma réserve !

Nous soupons, nous rions, nous causons, nous sommes heureux, comme des amoureux.

— Voilà du bon café, dis-je à notre hôtesse qui avait mis à honneur de nous servir elle-même, et cette liqueur de cassis fait merveille dans ces petits verres mousseline, aux étoiles d'or, qui sentent le vieux bibelot.

Où avez-vous eu ces petits verres là, madame Lasbène ?

— Oh ! je les ai toujours connus ici, répondit-elle, ça doit venir du château de Grangemenan, avec pas mal de vieux meubles, que les brocanteurs, depuis des années, sont venus nous prendre.

L'heure solennelle s'approche. Nous allons faire un tour au clair de lune, pour qu'on renouvelle l'air de la chambre; puis Mme X... me laisse seul finir mon cigare et rentre pour faire quelques préparatifs avant le coucher.

Sur le seuil de la porte, je rencontre un habitant de Villeneuve, puis un autre ; on cause un peu et je fume un second londrès en savourant délicieusement l'espoir du bonheur qui m'attend ; répondant, sans y penser, aux questions de mon interlocuteur, sur la politique du jour.

Enfin, je monte en courant, à la chambre... il y avait bien longtemps que Madame X... était seule. Je frappe, on tire le verrou ; j'entends le bruit de ses pas qui se sauvent et de son corps, si souple, qui se pelotonne dans le lit.

Entrez, me répond-elle de sa voix harmonieuse. Je retire doucement la clé, je ferme, je pousse le gros verrou.

Quels délicieux parfums ont chassé l'odeur du souper ! c'est un mélange d'iris, de verveine, de violette. Tous les parfumeurs de Paris ont-ils donc empli le nécessaire de voyage de mon adorée, de leurs produits les plus enivrants ?

Et sur la toile blanche de l'oreiller, sa chevelure si blonde et sa tête si rose s'enlèvent en vigueur, à la lueur de deux bougies, dans leurs modestes flambeaux de cuivre rutilant, placés là tout près sur la table.

Elle a fait mettre un paravent dans le coin de la grande chambre, là bas; c'est le cabinet de toilette. J'y vais; que je couvre auparavant de mes baisers cette tête si gracieuse, cette bouche souriante... mais, j'empeste le cigare.

Heureusement que j'ai là, moi aussi, mon cachou, mon eau de Botot; je me contente de lui prendre la main, je la baise à genoux; elle me fait d'un signe d'enivrantes promesses, je cours au paravent.

Enfin, je suis au lit; à ses côtés; je l'embrasse, je l'étreins, la passion me transporte; je n'appartiens plus à la terre...

Tiens! C'est drôle! quelle mauvaise odeur domine les parfums dont les arômes circulent encore si légers dans cette chambre?

Mais, c'est une peste! l'esprit est prompt, la chair est faible... à la mauvaise pensée qui a tout-à-coup envahi mon cerveau, je sens mes forces m'abandonner... est-ce que par hasard ce luxe d'eaux parfumées, de poudres et de sachets, aurait pour but de masquer quelque pénible infirmité?

Allons donc! c'est impossible... c'est un accident; l'émotion... que sais-je?

Elle est ravissante... et mes baisers descendent de ses cheveux, de ses lèvres, aux globes arrondis d'une gorge d'un blanc nacré, qui se livre sans défense et semble solliciter les caresses de l'amour...

Une émanation nouvelle d'une odeur empestée éteint encore une fois mes ardeurs.

Pauvre femme ! si jeune, si jolie... oh ! c'est affreux !

Mais il ne m'est pas permis de reculer ; il faut être honnête... elle mérite tous mes égards... allons, allons, du courage, en avant !

En avant, en avant ! C'est facile à commander... il vaudrait peut-être mieux dire : patience ! on s'habitue à tout. Les pêcheurs de Terre-Neuve qui empestent la morue, n'en ont pas moins beaucoup d'enfants... et je veux renouveler mes plus ardentes caresses.

Fatalité ! c'est elle qui, maintenant, avec timidité, avec réserve, repousse les témoignages de ma passion brûlante ; comment ! elle se dégage, elle se recule...

Ah ! c'est terrible ! se serait-elle, par hasard, aperçu de mes hésitations ?

Oh ! mes névralgies, me dit-elle ! quel supplice ! et elle prend sa tête dans ses mains, et elle saisit son flacon d'odeur, et elle s'en inonde, et elle plonge son petit nez tout rose dans la fine batiste tout imprégnée de son parfum de prédilection.

Plus de doute ! elle a conscience du mal dont elle

est affectée ; elle a honte d'elle-même... Pauvre femme !

— Eh ! bien, chère adorée, comment vous trouvez-vous ? C'est le soleil, c'est la chaleur du jour...

— Oui, oui ! un peu de repos va calmer mes douleurs... ce ne sera rien... patientez un peu... pardon, pardon, mon ami, je vous aime tant...

Je me recule à mon tour, pour lui laisser place libre, et, le coude sur l'oreiller, je la regarde fermant ses yeux à la lumière des bougies.

Elle est si jolie !

Elle semble se réveiller, sortir d'un rêve ; elle se met presque droite, ramène le drap jusqu'à sa taille, ferme le plus hermétiquement possible toute communication avec l'intérieur du lit, autour d'elle, autour de moi aussi, et entame sur l'esthétique un discours sans fin.

Il s'agit de l'art, de ses jouissances. L'art d'aimer n'y est pour rien.

Je fais quelques efforts pour la rappeler au but de notre voyage ; je ramène la conversation sur Cythère, sur Vénus, sur son fils... rien n'y fait... doucement elle écarte ma main.

Ah ça, mais ! me dis-je, si c'était moi, qui... elle n'agirait pas autrement...

Est-ce que nous allons jouer aux propos interrompus ?

Comment ! me voilà, prêt à renouveler les exploits d'Alcide et c'est elle qui refuse !... il me semble que quand on est affecté d'une infirmité comme celle-là, il ne faut pas manquer l'heure du berger.

Je m'éloigne un peu, plongé dans les réflexions les plus tristes...

Voilà qu'elle dort maintenant !

La chaleur me suffoque, j'ai besoin d'air ; je me glisse hors du lit ; je me lève tout doucement ; j'entr'ouvre la croisée ; l'air pur et frais de la nuit me ranime. Je vais me rapprocher d'elle... tant pis ! ce serait trop bête... Dussé-je être brutal, je vais brusquer le dénouement... Je recule épouvanté... C'est une peste dans ce lit.

Le jour enfin paraît.

— Demandez donc pour moi, mon ami, me dit-elle, un bol de lait, du lait tout chaud, qu'on vient de traire ; cela me fait du bien, d'ordinaire ; ouvrez la fenêtre toute grande, laissez entrer le bon air du matin...

On remuait déjà dans la cuisine, en bas ; j'appelle la fille ; Mme Lasbène, elle-même, ne tarde pas à monter.

— Bonjour Madame et Monsieur, nous dit-elle ; Monsieur et Madame ont bien passé la nuit ?

— Pas mal, Mme Lasbène, pas mal, répondîmes-nous ensemble, d'un ton lamentable.

— Tant mieux ! C'est que, figurez-vous, j'étais inquiète tout de même ; j'avais oublié de retirer d'entre les matelas du lit, les harengs que nous laissons là pour l'hiver et je craignais, quelquefois, que l'odeur vous incommode un peu.

Un immense éclat de rire fut notre réponse et la veuve Lasbène nous regardait sans comprendre.

Lorsque Thérèse, c'est Thérèse que s'appelait Mme X..., eut pris son bol de lait chaud, je voulus lui persuader qu'elle était tout à fait guérie de sa névralgie ; mais je ne parvins pas à la convaincre et, tout en riant, nous nous avouâmes que, réciproquement, nous avions cru,... elle, que c'était moi... moi, que c'était elle... qui...

Jamais nous ne pourrions nous regarder sans rire, m'affirmait-elle ; nous resterons toujours, l'un pour l'autre, imprégnés de l'odeur des harengs ; et elle ne me permit pas de la faire revenir sur les hésitations de la nuit.

Il était bientôt l'heure de partir...

Monsieur X... en fut quitte à bon compte. Jamais je n'ai revu Madame X...

— Pauvre Monsieur Delaunay ! lui dit Louise en lui tendant la main.

— Ne le plaignez pas tant, répondis-je, la senteur des harengs ne l'a pas poursuivi partout. Mon ami nous reconduisit jusqu'à notre voiture et nous prîmes congé.

En sortant de Vallery, nous quittons la vallée de l'Orvanne pour prendre, à gauche, le chemin de Brannay, de Paroy, de Nailly; nous n'arrivons à Saint-Martin-du-Tertre qu'à la chute du jour et nous descendons à Sens par le faubourg Saint-Didier.

On nous attend au grand hôtel de Paris. L'écurie est bonne; nos chambres sont aérées; nous passerons le dimanche à Sens.

Sens, qui fut réunie à la couronne sous le roi Robert le Sage dès l'an 1020, a une histoire; elle devait avoir sa monographie. J'avais eu la précaution de faire acheter le livre, *Guide du voyageur à Sens*, 1847, dans la pensée que, le jour du Seigneur, dans une ville archiépiscopale, tous les magasins sont fermés. La précaution était inutile. Sens tient peu compte des sages exhortations de son archevêque.

Il y a d'ailleurs à Sens une bourgeoisie à qui l'aisance acquise depuis plusieurs générations, tenant lieu de quartiers de noblesse, se fait gloire de sa fréquentation avec les hauts dignitaires de l'Eglise.

Nous vîmes entrer à la cathédrale toutes ces familles, au grand complet; quelques femmes de fonctionnaires viennent prendre place un peu au-dessous d'elles ; leurs maris n'osent affronter les rapports de police de M. le commissaire central.

Le petit commerce est fier d'afficher son scepticisme, et, grâce à la démoralisation générale, l'ouvrier ne sachant plus de quel côté est la vérité, prend le chemin du cabaret.

La femme ne retrouvera l'occasion d'entrer à l'église que le jour où son petit fera sa première communion. Les dames de la ville lui donnent un habillement complet.

Mme X... n'a-t-elle pas fait cadeau, l'an dernier, à la petite Marchais, d'une belle montre d'argent ?

Pour voir la cathédrale et son trésor, le dimanche était un mauvais jour ; nous remîmes notre visite au lendemain.

Nous avons pu, le matin, avant la messe, parcourir la ville, les quais, les ponts de l'Yonne et de belles promenades bien plantées ; après le déjeuner, nous entrons au musée, à la bibliothèque, admirer la couverture en ivoire qui enveloppe le Missel, connu sous le nom d'office de la fête des Fous et de l'Ane. La plus singulière des fêtes célébrées dans nos églises, a dit Louis Millin (*Voyage dans le Midi de la France*, 1807), mélange épouvantable d'impiété et de religion dérivant des fêtes en l'honneur de Cérès et de Bacchus, une sorte de mise en action, nous permettrons-nous d'ajouter, des scènes grotesques sculptées sur les murs de nos cathédrales.

Le chant de la prose de l'Ane était une des principales cérémonies de la fête des Fous ; et malgré des interdictions réitérées, on voit se perpétuer cette bacchanale jusqu'au commencement du XVI° siècle.

Nous traversons à nouveau la ville, passons à la porte Dauphine, remontons l'Yonne jusqu'à l'embouchure de la Vanne ; la Vanne jette encore un peu d'eau dans l'Yonne ; Paris n'a pas tout pris. Nous retrouvons au bas du mur de la promenade du Mail la porte par laquelle, en 1814, le prince de Wurtemberg pénétra dans la ville ; Sens tient à Montereau par ce triste souvenir, et nous rentrons à notre hôtel.

Le lundi matin, nous visitons la cathédrale dans tous ses détails ; le tombeau du Dauphin, père de Louis XVI, œuvre de Coustou, qui, relégué aujourd'hui dans une petite chapelle, est loin de produire l'effet qu'il devait produire dans la grande nef ; les quatre bas-reliefs, restes du mausolée du cardinal Duprat, XV° siècle ; la salle du Trésor et ses reliques.

Nous accueillons avec patience toutes les explications des trois cicérones qui se disputent nos loisirs et nos largesses, et après avoir accordé quelques minutes à l'Officialité, nous rentrons déjeuner et nous partons.

De Sens à Joigny (32 kilomètres).

Joigny, hôtel de la Poste.

Nous allons d'une seule traite à Joigny. Nous suivons la grande route, sur la rive droite de l'Yonne.

Nous traversons Rozoy; nous faisons une halte à Villeneuve pour voir la tour de Louis-le-Gros et le pont Saint-Laurent ; une seconde halte à Saint-Julien-du-Sault pour admirer les vitraux de l'église ; nous traversons Villecien et nous arrivons à Joigny, longtemps encore avant l'heure du souper.

Joigny est une ville riche, commerçante. Quarante hectares de son territoire produisent les vins renommés de la côte Saint-Jacques et de Vergé-Martin.

La ville, avec ses rues montueuses, étroites, ses vieilles maisons, son église Saint-Jean, son vieux château, ses promenades du Mail, des Quinconces, mérite que nous lui consacrions la matinée du lendemain; nous ne repartirons pour Auxerre qu'après déjeuner.

Auxerre ! devrons-nous aller à Auxerre ? ne nous faudra-t-il pas revenir à Tonnerre, à Montbard pour voir Tanlay et Ancy-le-Franc ?

La ligne ferrée de Lyon n'a-t-elle pas abandonné la vallée de l'Yonne et laissé de côté le chef-lieu du département ?

Les chemins de fer ne sont pas fait pour apprendre la géographie aux enfants. Les lignes les plus directes, celles mêmes qui suivent dans leur tracé l'orientation la plus régulière, coupent les montagnes et franchissent les rivières de telle sorte, qu'on ne sait plus à quelles chaînes les montagnes appartiennent, dans quel sens les rivières portent leurs eaux aux fleuves. La vitesse est telle qu'on ne peut se rendre compte du changement de direction.

Pourquoi la ligne de Lyon n'a-t-elle pas continué à suivre la vallée de l'Yonne ?

D'Auxerre on gagnait Avallon, Semur et Dijon. Pourquoi les ingénieurs ont-ils préféré la vallée de l'Armançon ? Peu importe, nous irons visiter Auxerre.

Nous lirons rapidement l'histoire d'Auxerre par Chardon et nous visiterons la ville avec un guide sûr, le *Répertoire archéologique du département de l'Yonne*, par Quantin.

De Joigny à Auxerre (28 kilomètres).

Auxerre, hôtel de la Poste.

L'embranchement d'Auxerre remonte l'Yonne qui fait un brusque coude vers le Sud.

Nous laisserons à gauche la rivière, la voie ferrée, la grande route, pour remonter la vallée du Tholon, désireux de fuir les grandes routes ensoleillées, comme nous l'avons fait précédemment pour aller de Moret à Sens.

A la sortie de Joigny, après avoir traversé Paroy-sur-Tholon, nous rencontrons bientôt sur notre droite Champvallon ; à gauche, la butte de Montholon ; nous arrivons à Senan, à Laduz, à Fleury ; nous traversons, au Monceau, la petite vallée du Ravillon et nous rejoignons, en haut de la côte de Migraine, la grande route de Paris pour descendre rapidement à Auxerre.

Auxerre est une grande ville de quinze mille habitants ; sa situation pittoresque, ses promenades, ses monuments nous y retiendront toute la journée du lendemain.

Nous nous empressons, dès après souper, de constater que son aspect, la nuit, est le même que celui de la plupart des villes de province ; à l'exception d'un ou deux cafés encore ouverts, de quelques bourgeois attardés qui remontent des rives de l'Yonne, où ils ont cherché un peu de fraîcheur, toutes les maisons sont fermées, les lumières éteintes. On ne se couche pas tard à Auxerre.

Au matin, dès que les premiers bruits de la rue annoncent le réveil, nous sortons, nous suivons les premières rues qui s'offrent à nous, descendant vers l'Yonne. Toutes les fois qu'une ville a une rivière, c'est de ce côté que nous nous empressons de diriger tout d'abord nos pérégrinations. Une rivière donne la vie, la gaieté, le mouvement ; si la première impression est bonne, on continue sa visite avec plus d'ardeur.

Nous pouvons donc constater que, du pont, on jouit de charmants points de vue sur la ville, ses églises, ses promenades, les quais, les îles boisées, les barrages, les fabriques et les moulins établis le long des deux rives. Auxerre, en effet, étage ses rues tortueuses, ses vieilles maisons, ses édifices sur une colline qui domine la rive gauche de l'Yonne.

La journée ne nous sera pas trop longue pour parcourir la rue du Pont, la rue Joubert, la rue du Collège, la rue des Neiges, la place Saint-Etienne, où de nombreuses vieilles maisons méritent d'attirer nos regards; pour visiter la Tour de l'horloge, le Musée, l'Hôtel-de-Ville, la galerie romane de la Préfecture ; admirer la promenade du Temple, celle des Remparts, réservant pour la fin du jour, notre visite à la Cathédrale, à l'heure où le soleil enflamme, de ses rayons obliques, les remarquables vitraux du chœur.

Nous devions, le lendemain, gagner Tonnerre en passant par Chablis ; nous pensions pouvoir laisser de côté Avallon, à cause du long détour que nous demandait cette lointaine excursion ; mais nous rencontrâmes, dans notre visite au Musée, un aimable causeur, qui, avec l'éloquence persuasive que lui donnait une admiration enthousiaste pour son beau pays de Bourgogne, nous força de modifier notre itinéraire, en nous imposant trois journées de route supplémentaires pour aller visiter Avallon.

La Bourgogne, nous dit-il, n'est pas une province que la France a conquise ; c'est un royaume annexé à un autre royaume. Nos Ducs étaient de véritables souverains.

Dijon, vous le reconnaîtrez, est une capitale avec la vie qui lui est propre, avec sa gaieté, à elle, celle que lui donne son vin généreux ; si le chiffre de sa population ne la met pas aux premiers rangs des villes de la France, son autonomie morale et intellectuelle lui donne le droit d'y prétendre.

Avallon est une des perles qui ornent la couronne de notre capitale. Ne craignez pas de sacrifier deux jours pour aller visiter Avallon.

Notre pays est, de tous, celui qui offre le plus de variété dans la nature de son sol, comme dans ses produits et dans le caractère de ses habitants. Ses forêts, ses montagnes, ses hauts plateaux, à une altitude de plus de six cents mètres, ses vallées basses, comme celles de l'Yonne et de la Saône, ses torrents encaissés comme l'Ouche, la Cure, le Cousin, fournissent au commerce des voies de communications faciles, à l'industrie des forces motrices, au touriste les contrastes les plus pittoresques.

Pour aller à Avallon, vous remonterez le cours de la Cure et du Cousin; c'est la Suisse en miniature.

Vous vous arrêterez aux grottes d'Arcy; c'est une des merveilles naturelles du pays. Si vous voulez quelques renseignements, auparavant, sur les stalactites d'Arcy, le maître de votre hôtel pourra vous prêter, ce soir, un petit volume in-12, *Voyage aux Grottes d'Arcy*, par Deville, datant du commencement du siècle.

Vous irez à Vézelay; Vézelay a son histoire et une église remarquable, la Madeleine. Son Narthex est œuvre rare.

Vous suivrez enfin, de Pontaubert à Avallon, la vallée du Cousin ; c'est celle-là qui porte, dans le pays, le surnom de Suisse Bourguignonne.

Il est vrai que vous ne traverserez pas Chablis et que Monsieur le doyen aurait eu plaisir à vous faire voir sa riche collection d'antiquités artistiques ; il vous aurait montré une maison renaissance, une belle cheminée du XVI° siècle ; mais vous êtes de sincères admirateurs des beautés de la nature ; allez à Avallon.

Regretteriez-vous de déguster, à Chablis, en mangeant, au dessert, un fromage du pays, une bouteille de Chablis authentique ? Ce vin si léger, si pétillant, si apéritif, cher aux amateurs d'huîtres ?

Demandez-en une ce soir, à votre hôtel, en vous recommandant de Monsieur le Curé de ***, vous n'y perdrez rien.

Et sur ce, l'aimable causeur, en prenant congé, nous souhaita bon voyage, heureux d'avoir gagné à sa cause deux admirateurs de sa belle Bourgogne.

Voici l'heure où le soleil darde ses rayons obliques dans les vitraux de la Cathédrale ; nous entrons à Saint-Etienne.

Dans l'ombre des piliers de l'Eglise, se glissait un homme pâle, défait, paraissant succomber sous le poids d'un profond chagrin ; il s'approche du confessionnal.

Monsieur l'abbé Reg....., l'un des vicaires de Saint-Etienne, nous avions lu son nom au-dessus de la porte de la logette, gros, gras, replet, content de vivre, ne tarde pas à venir prendre sa place au tribunal de la pénitence.

— Vous nous avez fait demander, mon cher frère, dit à haute voix, Monsieur l'abbé, qui avait probablement l'oreille un peu dure ; quel événement peut vous ramener auprès de nous ? Il y a huit jours à peine...

— Depuis huit jours, mon père, répond le pénitent, ma conscience ne me laisse ni repos, ni sommeil. — Je suis un misérable pécheur...

Je voulais entraîner la comtesse ; les deux interlocuteurs parlaient haut, dans le silence du Temple, nous allions entendre toute la confession de cet homme ; les femmes sont curieuses ; Madame Louise résista ; dans la crainte de troubler le pénitent et son directeur, nous restâmes derrière le pilier qui nous cachait, absorbés dans l'admiration silencieuse des vieux vitraux de la Nef et du Chœur.

— La conscience du juste a parfois des exagérations... reprit Monsieur l'abbé ; voyons, de quoi s'agit-il ?

— Je suis avocat, vous le savez, mon père ; par profession, la dissimulation de la vérité m'est familière, égarer la justice, par une fausse interprétation des textes, est un jeu pour moi.

Un jour, je fus appelé à compléter le tribunal ; les juges n'étaient pas en nombre.

L'honneur qui m'était fait m'obligeait à quelque condescendance... mais... ah ! mon père, jamais vous ne me pardonnerez...

— Calmez-vous, maître Saltête ; le mal n'est peut-être pas irréparable... continuez...

— C'était une affaire grave. Son sort était entre mes mains...

— Je vois cela ; une cause délicate, un peu embrouillée ; et, après déjeuner, votre esprit alourdi, peut-être, par la chaleur de la salle d'audience...

— Non... mon père.

— Vous n'avez pas résisté avec assez de fermeté à l'opinion erronée de vos collègues... quels étaient les deux juges ?

— Le président le Grassieux... celui qu'on appelle le président Kiri.

— Je comprends... par déférence pour ce magistrat... qui rit, dites-vous ?

— Oui... un magistrat des nouvelles couches.

— Des nouvelles couches ! pauvre ville d'Auxerre ! et d'où nous vient-il encore celui-là ?

— Du Dauphiné ; mon père. C'est une créature de notre dernier ministre ; son agent électoral ; un avoué révoqué ; membre du bureau de bienfaisance, qui puisait à pleines mains dans la bourse des pauvres, pour soutenir l'élection des amis.

— Triste ! triste ! quel intérêt pouvait donc avoir cet homme à rendre une sentence aussi cruelle ? n'est-il pas décoré ?

— Du mérite agricole, mon père...

— C'était obscur, peut-être ?

— Non... mais nous sommes parvenus à mélanger tous les textes, tous les codes, toutes les juridictions ; à en tirer une condamnation... ah ! mon père...

— Un emprisonnement de longue durée ?

— Non...

— Une amende écrasante ?

— Qu'importe le chiffre de l'amende ? l'affaire avait une bien autre portée ! par faiblesse, par pusillanimité, par un sentiment indéfinissable qui m'a empêché de prendre hautement la défense d'un ami...

— C'était votre ami ?

— Oui ! mon ami... le seul, peut-être, qui eut encore quelque confiance en moi.

— Je m'explique vos remords... mais votre fortune vous permet de réparer...

— Le mal est irréparable! la politique était en jeu.

— S'agissait-il d'un crime contre la sûreté de l'État?

— L'affaire n'avait aucune importance par elle-même; c'est l'homme que nos adversaires voulaient atteindre. L'acquittement, c'était un triomphe pour notre cause; la confusion du préfet, du maire, de tous ses acolytes; j'ai été lâche... ce Kiri m'a joué comme un sot...

— Et vous avez laissé échapper une occasion si belle?...

— Grâce, mon père, grâce!

— Jamais!

L'imbécile! dit en sortant monsieur l'abbé et maître Saltète resta brisé de douleur, jusqu'à ce que le bedeau fût venu le tirer de son affaissement pour le mettre dehors.

L'ombre du soir envahissait la nef; nous nous hâtâmes de sortir et de regagner notre hôtel par de vieilles rues étroites où de vieilles maisons attirèrent médiocrement notre attention; j'avais l'esprit ailleurs. Qu'étaient devenus l'indépendance, l'honneur de notre magistrature?

Je voulais savoir quel était ce Kiri... ce surnom... ma curiosité fut bientôt satisfaite : nous dînions à table d'hôte ; à l'arrivée d'un jeune homme que des camarades saluèrent d'un, bonjour, Boivin ! je reconnus le fils d'un membre de mon cercle, nommé récemment à une fonction modeste, dans l'enregistrement, à Auxerre.

A la fin du repas je l'abordai et le questionnai. — J'appris alors que ce monsieur le Grassieux traîne après lui, de siège en siège, un surnom qu'un rictus incurable lui a fait donner : il rit ; il rit agréablement, spirituellement ; mais il rit toujours ; il rit en parlant, en écoutant, en mangeant ; il agace.

Un rédacteur du *journal Officiel*, un ami qui le déteste, lui joua le mauvais tour, en insérant sa première nomination comme juge à Tonnerre, de le dénommer : monsieur Kiri le Grassieux. — Ce surnom lui est resté — pendant un mois, son humeur en fut gravement altérée ; à l'audience, il se mordait les lèvres jusqu'au sang pour ne pas rire — la nature a repris le dessus ; c'est en riant, qu'il condamne un pauvre diable à l'emprisonnement.

Son surnom le suivra dans sa carrière. C'est d'ailleurs un magistrat d'avenir ; les scrupules du président Séguier à qui l'histoire de 1830 prête cette réponse honorable : *la cour rend des arrêts et non des services*, lui paraissent puérils. Quand le préfet, quand le procureur-général ont dit *oui*, le diable, ni sa conscience ne lui feraient dire *non*.

D'Auxerre à Arcy-sur-Cure (31 kilomètres).

Arcy, hôtel Bazin.

Nous sortons d'Auxerre par la porte du Pont et nous prenons la route qui remonte la vallée de l'Yonne ; nous passons à Angy, à Champs. Voilà le château de Bellombre, les ruines de Senoy et, dans un rayon de quelques kilomètres, les villages de Vaux, de Saint-Bris, d'Escolives, Coulanges-la-Vineuse, Vincelles et son château qu'habita Mme de Staël, Irancy, où naquit Soufflot, l'architecte du Panthéon. Comme nous le disait, hier, le curé de ***, partout la vie, la richesse ; des vignobles renommés ; de tous côtés, des châteaux, des églises qui méritent l'examen de l'archéologue ; des tableaux, des statues, des sculptures, l'admiration des artistes.

Nous arrivons à Cravant ; nous mettons pied à terre pour aller visiter son église et ses onze chapelles rayonnant autour du sanctuaire ; nous montons à l'ancien château, d'où l'on découvre les champs où l'armée de Charles VII fut, en 1423, mise en déroute par les Bourguignons et les Anglais réunis. Xaintrailles y fit des prodiges de valeur ; mais Jeanne d'Arc n'était pas encore là.

Au sortir de Cravant, nous quittons la vallée de l'Yonne ; nous entrons dans la vallée de la Cure où la route côtoie le chemin de fer d'Avallon.

La vallée de la Cure se rétrécit et s'enserre entre des roches et de hauts plateaux qui n'ont pas moins de cent mètres au-dessus des eaux du torrent.

Après Rigny, Lucy-sur-Cure, Bessy, nous arrivons à Arcy ; après déjeuner, nous visiterons le château, un château renaissance ; puis, nous irons à pied visiter les grottes et le manoir du Chatenay.

Grâce à l'étude que nous avions faite, la veille au soir, des stalactites d'Arcy dans l'ouvrage de Deville, nous étions aussi savants que notre guide sur la situation des trois grottes, sur la longueur de la première, qui n'a pas moins de 450 mètres ; sur les noms donnés aux diverses concrétions calcaires que renferment plusieurs salles ; sur les fouilles qu'on a faites dans la cave aux fées et qui ont amené la découverte d'animaux antédiluviens ; sur l'envahissement de la grotte des Goulettes par les eaux de la Cure qui s'y engouffrent, lors des crues abondantes, pour ressortir de l'autre côté de la montagne.

Sous ce massif calcaire de la côte de Chaux, le chemin de fer et la route se sont creusé un passage dans deux tunnels, sur deux lignes parallèles, sur une longueur de plus de 300 mètres.

D'Arcy-sur-Cure à Avallon, par Vézelay (30 kilomètres).

Avallon, hôtel du Chapeau-Rouge.

Après avoir franchi le tunnel de la côte de Chaux, nous suivons la vallée de la Cure. Nous traversons Saint-Moré, Voutenay, Sermizelle, nous arrivons à Blannay, là, où une autre rivière torrentueuse, le Cousin, jette ses eaux dans la Cure.

Au-dessus de nous, à une altitude de 640 mètres, non loin de Montsauche, l'étang des Seltons, forme une retenue d'eau de vingt-trois millions de mètres cubes, qu'on jette dans la Cure pour faire flotter les deux mille cinq cents décastères de bois, coupés annuellement dans les montagnes du Morvan, jusqu'au confluent de la Cure dans l'Yonne, à Vermanton.

Là s'organisent les trains qui suivent l'Yonne et la Seine jusqu'à Paris; là, se chargent les grandes toues pour le transport du bois.

Nous traversons Blannay, Asquins; nous rencontrons bientôt la route d'Avallon, nous sommes à Vézelay.

Vézelay est un chef-lieu de canton, bâti au flanc et sur le sommet d'une colline qui domine la vallée de la Cure.

Après avoir suivi la longue rue du bourg, on atteint, par une montée rapide, la place de la Madeleine ou de l'Abbaye.

L'église, dit Quantin, dans son *Répertoire archéologique de l'Yonne*, malgré les mutilations qu'elle a subies, est un des monuments les plus curieux de France.

Elle comprend trois parties bien distinctes, le narthex, la nef et le chœur.

Le narthex est une sorte d'avant-nef, longue de 22 mètres.

La Madeleine a été restaurée, de nos jours, par l'architecte Viollet-le-Duc.

En 1146, saint Bernard y prêcha la Croisade en présence de Louis VII.

En 1187, Philippe-Auguste et Richard, Cœur-de-Lion, s'y sont trouvés réunis pour la troisième Croisade. Il fallait secourir Lusignan après la défaite de Tibériade.

Vézelay et la Madeleine ont donc une histoire.

Aujourd'hui Vézelay se contente de faire un commerce considérable de bois, de bestiaux, de vins.

Une belle terrasse plantée d'arbres séculaires

entoure l'église et les cloitres de l'ancienne abbaye.

Du haut de la tour, on jouit d'un panorama remarquable sur partie des départements de l'Yonne et de la Nièvre.

Nous rejoignons notre voiture après déjeuner.

Nous traversons bientôt Saint-Père et Fontette ; nous arrivons à Pontaubert ; nous entrons dans la vallée du Cousin.

Voilà, sur notre gauche, le sommet du Mont-Marte, 357 mètres d'altitude ; on y découvrit, en 1820, les ruines d'un temple dédié à Mars. Elles n'ont pas l'importance de celles du temple récemment découvert au sommet du Puy-de-Dôme.

Nous allons suivre la vallée du Cousin jusques à Avallon.

M. le curé de X... n'avait en rien exagéré le charme de la petite Suisse bourguignonne ; la pureté des eaux, le bruit de leur chute en rapides cascades, l'aspect des rochers suspendus au-dessus du torrent méritent à cette vallée son surnom ; nous ajouterons que la vue d'Avallon, prise du pont du Cousin, justifie les trois journées de voyage que nous nous étions imposées.

Le torrent serpente, profondément encaissé entre des rochers à pic, haut de plus de cent mètres ; la ville, dans ses murailles flanquées de vieilles tours rondes, s'étage au flanc de la montagne, dominée par le clocher de Saint-Ladre et la haute tour carrée de l'horloge.

Cela rappelle un peu, s'il est permis de comparer les petites choses aux grandes, le Rimmel et le rocher de Constantine, en nous empressant d'ajouter, pour rendre à chaque chose ses proportions, que du haut de la muraille de la casbah de Constantine, il arrive au voyageur, surpris de la profondeur du gouffre, de prendre une cigogne pour une hirondelle. Avallon n'a pas de cigogne et ses hirondelles sont les nôtres. Des fabriques, des tanneries, des usines donnent à ce bas quartier une grande animation. On monte au cœur de la ville, et si l'on excepte le carrefour des routes de Paris à Lyon et de Clamecy à Tonnerre, on retrouve, dans les rues adjacentes le calme de la province, qui ne prendra un peu de vie qu'au jour du marché, lorsque la ménagère sortira pour aller faire la provision de la semaine.

Avallon est un chef-lieu d'arrondissement de 6,000 habitants, qui, subissant le sort de toutes les villes de Bourgogne, a été successivement prise et reprise et fit définitivement retour à la couronne à la mort de Charles le Téméraire.

Le lendemain, après avoir visité l'église Saint-Lazare ou Saint-Ladre, quelques maisons en bois du xv⁰ siècle, une statue en bronze de Vauban, par Bartholdi (Vauban est né non loin de là, près de Saulieu, dans le Morvan ; Avallon a revendiqué l'honneur de lui ériger une statue) ; au musée, quelques bas-reliefs gallo-romains, trouvés au sommet du Mont-Marte, nous passâmes le reste du jour au petit cours, jouissant, à l'ombre des arbres, d'une vue magnifique sur la vallée du Cousin, la route de Chastellux et les montagnes du Morvan.

Chastellux est devant nous, à deux jours de marche. Chastellux a un château remarquable, admirablement situé sur un roc, dont il semble une gigantesque aiguille. L'histoire de ses premiers possesseurs remonte au temps des croisades. Nous résisterons cependant au plaisir de l'aller visiter ; si nous allions aujourd'hui à Chastellux, nous regretterions plus encore d'avoir laissé de côté Saint-Fargeau. Saint-Fargeau, le château de Jacques Cœur, de M¹¹ᵉ de Montpensier, de Lepeletier ; un des grands châteaux de Bourgogne.

D'Avallon à Noyers (30 kilomètres).

Noyers, hôtel Rouginat.

Le lendemain, nous partions pour Tonnerre, mais à cause de la longueur du trajet, nous devions nous arrêter à Noyers, y dîner, y coucher.

Noyers est un modeste chef-lieu de canton. Nous consacrons à Avallon toute la matinée du dimanche ; nous ne partirons qu'après déjeuner.

Au sortir d'Avallon, pour atteindre le haut du plateau, la montée est longue ; nous eûmes à souffrir de la chaleur jusqu'à Sauvigny, Provency, Sainte-Colombe. A partir de là, nous n'eûmes plus qu'à descendre pour entrer à l'Isle, dans la vallée du Serain. Voici Massangis, Larchièvre et son château ; nous sommes à Noyers, à l'hôtel Rouginat où nous avons pris soin de retenir nos chambres. Mme Rouginat est à la porte pour nous recevoir ; M. Rouginat à ses fourneaux.

Nous avions souffert un peu de la chaleur : il faudra être matinal demain, demandai-je à Joseph ; départ à cinq heures. Joseph, toujours de bonne humeur, paraissait, ce jour-là, plus heureux que d'habitude. Le brave garçon avait dû trouver à Avallon bon dîner, bon gîte et le *reste* ; ses chevaux y avaient trouvé bonne litière et long repos : tout sera prêt, s'empressa-t-il de me répondre, et, en effet, le lendemain, à cinq heures, nous quittions Noyers.

La vallée du Serain n'a pas le pittoresque de celles de la Cure ou du Cousin ; mais elle est fraîche et verdoyante ; nous allions la quitter à regret.

De Noyers à Tonnerre (22 kilomètres).

Tonnerre, hôtel du Lion d'Or.

Tonnerre est devant nous au nord-est ; dès cinq heures, nous sommes en route ; la fraîcheur de la campagne, au lever du soleil, répare la fatigue que nous avons éprouvée la veille. Nous aspirons l'air à pleins poumons et quand, à la première montée qui met les chevaux au pas, le bruit des roues sur le gravier s'apaise, nous percevons le chant lointain du coq, à la ferme isolée, le ragachement de la pie, dans le petit bois voisin, le hennissement des chevaux que le laboureur attelle à la charrue : tous saluent le réveil de la nature, tous chantent le bonheur de vivre.

Bientôt les cloches des villages voisins vont sonner l'angélus ; à leur premier tintement, nous nous arrêtons pour, dans le calme de l'air, entendre leurs vibrations sonores se marier et se fondre dans l'harmonie de tout ce qui nous entoure. Nous traversons Irouère ; nous arrivons à Tonnerre.

Nous avions à l'avance, sachant qu'on montrait encore, dans la rue du Faubourg-du-Pont, la maison dans laquelle était né et qu'avait habitée le chevalier d'Eon, relu quelques articles biographiques consacrés à l'homme qui sut, par ses efforts, son habileté, acquérir à la France le traité d'alliance de 1756 avec Elisabeth de Russie, fille de Pierre le Grand.

Nous allions voir, dans l'abside de l'église paroissiale, qui fut autrefois l'hôpital, le tombeau, richement orné de sculptures et de statues, de Marguerite de Bourgogne, qui avait, disait notre *Guide Joanne*, fondé l'hôpital de Tonnerre en 1293.

Quoi ! la Marguerite de la Tour de Nesles ? celle qui fut la femme de Louis le Hutin ? celle qu'on ne peut nommer sans évoquer le souvenir de Buridan et de Gaultier d'Aulnay ?

Un tombeau somptueux à cette Marguerite, que son roi fit mourir en punition de ses honteux adultères ?

Mais elle n'aurait pu fonder, en 1293, l'hôpital de Tonnerre, nous répondrait-on, puisque son mariage avec le Dauphin, qui fut Louis X, dit le Hutin, dut être retardé jusqu'en 1305, à cause du jeune âge de la fiancée, petite-fille de Saint-Louis. Petite-fille de Saint-Louis ! Ayez donc l'honneur d'avoir un saint dans votre famille, et un saint, roi de France, encore ! pour laisser une si triste réputation !

Les Tonnerrois savent qu'il s'agit d'une comtesse Marguerite, petite-fille d'Eudes IV, duc de Bourgogne, qui aurait épousé, en secondes noces, Charles d'Anjou, roi de Naples, fils de Louis VIII et frère de Saint-Louis, laquelle, après la mort de son mari, en 1285 ou 1295, suivant le président Hainaut, serait revenue vivre pieusement à Tonnerre et y aurait fondé l'hôpital. Sa mémoire aurait été respectée d'âge en âge, si bien qu'en 1826 on eut l'idée, pour remplacer son premier tombeau, détruit en 1793, de lui en rebâtir un autre.

Dans une des fenêtres de la grande salle de l'ancien hôpital, on retrouve, dit Quantin (*Répertoire archéologique de l'Yonne*), quelques parties des vitraux primitifs où sont les bustes du comte Charles d'Anjou et de la comtesse Marguerite de Bourgogne, fondateurs de l'hôpital.

Tonnerre est une ville commerçante, industrielle, bâtie sur une colline qui domine l'Armançon. Après déjeuner, nous pûmes, en quelques heures, visiter l'église Saint-Pierre, voir l'ancien hôpital, dans l'abside le tombeau de la comtesse Marguerite ; le tombeau de Louvois, par Girardon et Desjardins (ce tombeau était à Paris dans l'église des Capucines ; Louvois était comte de Tonnerre, possesseur du château d'Ancy-le-Franc ; sa sépulture avait été violée en 1793 ; le tombeau fut transporté à Tonnerre en 1819).

Dans la rue des Fontenilles, l'hôtel d'Uzès, avec ses tourelles, ses portes renaissance ; dans le faubourg du Pont, la maison du chevalier d'Eon ; dans le faubourg de Bourgberault, la fontaine de la Fosse-Dionne.

Et nous employâmes la fin de la journée à lire l'*Histoire et la description*, par le baron Chaillou des Barres, *des châteaux de Tanlay et d'Ancy-le-Franc*, que nous allions visiter le lendemain.

De Tonnerre à Tanlay et Ancy-le-Franc (24 kilomètres).

Tanlay, hôtel d   Ancy-le-Franc, hôtel du Lion d'Or.

Nous quittons Tonnerre pour aller visiter Tanlay ; nous y arrivons en moins d'une heure.

Le château a été commencé en 1559 par François Coligny d'Andelot, frère de l'amiral, continué par Jacques Chabot, qui épousa en 1574 Anne de Coligny, dame de Tanlay, et qui créa le petit château, une dentelle pétrifiée, dit Chaillon des Barres. Enfin, le château fut terminé au xviie siècle par le surintendant d'Hemery, qui le laissa à son gendre M. Phelipeaux de la Vrillère. Celui-ci le vendit à Jean Thevenin, marquis de Tanlay, et cette famille l'a conservé jusqu'à nos jours, tel que l'avait laissé le surintendant d'Hemery.

Une description complète de Tanlay serait sans bornes, dit Chaillou des Barres, en commençant son récit. Nous n'essaierons pas de présenter de son travail une sèche analyse. Ceux qui le visiteront voudront, comme nous, tout voir. S'ils veulent le faire avec fruit, après avoir lu la notice de Chaillou des Barres, ils marcheront, le *Répertoire archéologique* de Quantin sous les yeux, l'état de lieux à la main, pourrions-nous dire.

Nous consacrons à cette visite toute la matinée ; nous déjeunons, et, dès avant deux heures, nous sommes à Ancy-le-Franc.

Le château d'Ancy-le-Franc, comme celui de Tanlay, a été l'objet d'une étude faite avec l'enthousiasme d'une admiration sans réserve par le même auteur, le baron Chaillou des Barres, 1845, Imprimerie royale.

Si ce qu'il disait de Tanlay est vrai, à plus forte raison pourra-t-on le dire d'Ancy-le-Franc ; une description complète serait sans bornes. Notre analyse serait sans intérêt ; contentons-nous d'indiquer que le château, commencé en 1555, sous Henri II, par Antoine de Clermont, lieutenant général, connétable du Dauphiné, sur les dessins du Primatice et de Serlio, achevé en 1622, présente le type de la régularité parfaite; que, grâce aux soins constants de ses possesseurs, il a pu arriver jusqu'à nous dans un état de conservation remarquable ; que les peintures à fresque sont de Nicolo-del-l'Abbate, le même qui, sous François Ier, peignit la grande galerie de Fontainebleau ; que Henri IV fut reçu à Ancy-le-Franc en 1591, Louis XIII en 1631, Louis XIV le 12 juin 1674, par le comte de Clermont-Tonnerre, après la conquête de la Franche-Comté ; que, à cette dernière réunion assistaient Vauban, déjà célèbre, et le marquis de Louvois, le futur ministre de Louis XIV, à qui la fortune réservait de devenir propriétaire d'Ancy-le-Franc.

En effet, Louvois épousait en 1683 Anne de Souvré, et bientôt ajoutait aux immenses possessions de sa femme, par une acquisition nouvelle, la terre d'Ancy-le-Franc et le comté de Tonnerre, ce qui permettait à M. de Coulange, écrivant à Mme de Sévigné après la mort du ministre de dire : « Nous ve-« nons de faire un voyage dans les *Etats* de madame « de Louvois. »

Ancy avait alors dix-huit mille arpents de bois, vingt fermes, autant de moulins, etc., etc.

Le dernier descendant des Louvois eut l'honneur de recevoir madame la Dauphine en 1830, peu de jours avant la Révolution qui allait l'exiler de France.

Après avoir fondé des forges et des hauts fourneaux qui ont pris un grand développement, il laissa, en 1844 ce qui restait de ce vaste domaine à M. de la Salle, et ce dernier l'a revendu à la famille de Clermont-Tonnerre qui, après une interruption de deux cents ans, put ainsi rentrer en possession du château bâti par ses ancêtres. Les deux châteaux de Tanlay et d'Ancy-le-Franc sont de merveilleux spécimens des œuvres qu'enfanta la renaissance.

Ancy-le-Franc a sur Tanlay l'avantage de l'unité de plan ; d'un ensemble plus homogène, de richesses artistiques plus nombreuses ; les deux parcs ont le même défaut ; resserrés dans des vallons étroits, ils manquent de vue, d'horizons lointains.

C'est le reproche qu'on peut faire à tous les châteaux de cette époque.

Les forteresses féodales accrochées sur les sommets les plus élevés, avaient manqué d'eau, d'arbres, de routes accessibles. Les châteaux du XVIe siècle, devenus des résidences de luxe, recherchent les cours d'eau, les vallées, les ombrages.

D'Ancy-le-Franc à Montbard
(30 kilomètres).

Montbard, hôtel de l'Ecu.

Nous passons à Nuits-sous-Ravières et pour aller visiter les ruines du château de Rochefort, nous faisons un détour par Asnières-en-Montagne.

Rochefort le méritait. C'est une des plus belles ruines féodales de la Bourgogne.

Le déjeuner en a souffert; nous n'arrivons à Montbard qu'au milieu du jour.

Prononcer le nom de Montbard, c'est évoquer le souvenir de Buffon. La gloire de Georges-Louis Le Clerc de Buffon absorbe complètement Montbard. Il y est né ; il y a passé la plus grande partie de sa vie ; mort, il y repose. Le château, un des plus forts et des plus vastes de la province, Buffon l'a acheté en 1742; de ses ruines, il a fait son habitation ; le donjon reste debout; c'est là que le célèbre naturaliste a composé une partie de ses ouvrages ; cette colonne a été élevée par Buffon fils à la gloire de son père. La ville lui a élevé cette statue de bronze en 1865.

Buffon fils guillotiné en 1793, disait glorieusement à ses assassins : « Citoyens, je m'appelle Buffon ! »

Nous ajouterons que Montbard est un chef-lieu de canton de 3,000 habitants, pittoresquement situé près du canal de Bourgogne ; que le naturaliste Daubenton y est né.

De Montbard nous irons à Semur.

Semur doit avoir conservé, dans ses archives, le précieux souvenir d'une visite que lui fit Napoléon Ier et qui a été l'occasion pour Mme de Rémusat d'accorder à l'Empereur, dans une de ses lettres, le juste tribut d'éloges qu'elle lui prodiguait, alors, avec autant d'admiration passionnée, que, plus tard, dans ses mémoires, elle devait mettre de fiel, en ses accusations.

« J'ai vu hier, dit-elle, M. de N... qui avait dîné
« avec des habitants de Semur, encore tout pleins de
« la grâce avec laquelle il (l'Empereur) s'est montré
« dans cette petite ville, qui, par sa position loin de
« la grande route et son peu d'importance, ne s'est
« jamais crue digne d'attirer l'attention du gouver-
« nement.

« L'Empereur a employé près d'une heure à en-
« tretenir les chefs des habitants de ce qu'on pou-
« vait faire d'eux et de leur territoire, des avantages
« à leur situation. Enfin, ils sont restés confondus et
« fiers des moyens inconnus qui leur étaient décou-
« verts.

« Avec ce sourire que nous lui connaissons, il a
« ravi tous ceux qui l'ont vu ; il a soigné chaque au-
« torité ; il a été aimable pour le maire ; gracieux et
« gai ; enfin la ville de Semur est dans l'ivresse et
« n'oubliera de longtemps cette visite. »

De Montbard à Semur
(17 kilomètres).

Semur, hôtel de la Côte-d'Or.

En quittant Montbard, nous retournons un peu vers le nord, mais nous rejoignons bientôt la route de Semur qui remonte la jolie vallée de la Dandarge, un affluent de la Brenne.

Le village de Crepand se montre à notre droite ; quelques kilomètres plus loin nous sommes en face des ruines imposantes du château de Montfort, qui, après avoir été en la possession de Guillaume, prince d'Orange, fut vendu par ses descendants, en 1681, à Anne de Souvré qui devint la femme de Louvois, et fut complètement abandonné et détruit à la révolution.

Nous laissons à notre gauche Montigny-Montfort ; nous traversons Champ-d'Oiseau, un village comme tant d'autres, malgré la poésie de son nom ; nous passons du bassin de la Brenne, dans celui de l'Armençon.

Voilà Semur ; la ville nous apparaît dans un site des plus pittoresques ; au flanc d'une colline granitique, en forme de promontoire, qui domine les gorges de la rivière, elle se dresse avec ses vieux remparts, ses grosses tours, son donjon, ses maisons de la renaissance aux portes ogivales, avec tourelles, comme une cité d'un autre âge ; les trois clochers de Notre-Dame, une cathédrale aux trois portails, dans le style ogival Bourguignon, dressent leurs flèches dans le ciel bleu.

Il était dix heures du matin quand nous entrions dans Semur.

La ville était en révolution ; nous voyions de tous côtés sortir de leurs maisons, de leurs ateliers, de leurs boutiques, des ouvriers, des marchands, des hommes endimanchés, portant un bouquet d'immortelles jaunes à la boutonnière et se dirigeant, en toute hâte, vers le haut de la ville ; des omnibus, de vieilles diligences en amenaient d'autres de tous les points du département, qui portaient le même signe de ralliement.

Nous fûmes bientôt au courant de ce qui se passait, du grand événement qui agitait la population : Dubreuil, ancien député aux assemblées nationales depuis 1870, ancien maire de Semur, ancien notaire, républicain aux convictions ardentes, depuis la chute de l'Empire, venait de mourir : on l'enterrait ce matin.

Mais pourquoi sur les visages de tous ces hommes une si grande animation ? Pourquoi cette ardeur dans leurs gestes, cette violence dans leur langage ? Ils semblent vouloir s'encourager à la lutte...

En voyage, il faut tout voir ; suivons la foule.

Vers l'extrémité de la rue d'Alise-Sainte-Reine, nous arrivons à une vieille maison, entre cour et jardin, de bonne apparence bourgeoise, dont la grande porte, dans ses piliers de grès aux fortes assises, est tendue de noir. La foule se masse houleuse...

Le cercueil n'est pas exposé ; la croix, le goupillon, l'eau bénite, sont relégués dans un coin de la cour ; deux jeunes sœurs de charité, timides et craintives, semblent vouloir cacher aux regards ces symboles, d'ordinaire respectés, de nos croyances. Dans un autre angle, se tiennent groupés, anxieux, des messieurs à la redingote correctement boutonnée, portant la rosette ou tout au moins le ruban de la Légion d'honneur ; les uns semblent favoriser de leur approbation les groupes de la rue ; d'autres manifestent leur blâme, avec une grande réserve. Ce sont des députés et des sénateurs de la Côte-d'Or.

Les hommes, au petit bouquet d'immortelles, remplissent bientôt, en une masse compacte, le milieu de la vaste cour et les marches du perron ; quelques exclamations nous font enfin connaître la situation : le groupe de la libre-pensée de Semur, renforcé des adeptes de tout le département, veut faire à son ancien député un enterrement civil. La famille résiste ; on se dispute ; on va s'arracher le cadavre...

Toute sa vie, Dubreuil fut un catholique fervent. Sans ostentation, comme sans faiblesse, il fut pratiquant. Le dimanche, il allait à la messe; une fois par an, il communiait. Sa femme, ses filles le suivaient dans cette voie avec ardeur ; ses fils respectaient ses croyances.

Mais la politique a ses exigences... On ne votait plus avec l'ensemble des premiers jours ; pour s'assurer le concours des républicains les plus avancés du département, il s'était cru forcé, à plusieurs reprises, comme saint Pierre, de renier son Dieu ; il avait vendu, pour prix de leurs votes, sa dépouille mortelle aux libres-penseurs.

Pour une manifestation, l'occasion était belle ! Le député républicain de Semur leur appartenait.

Personne n'ignorait ses sentiments religieux ; on savait qu'il était parti de ce monde muni de tous les sacrements de l'Eglise ; mais tout mauvais cas est niable et la libre-pensée de la Côte-d'Or se proposait de nier l'évidence, si elle parvenait à empêcher le corps d'entrer à l'Eglise.....

La victoire devait être aux plus audacieux ; il fallait à tout prix s'emparer du cadavre.

Les meneurs s'en étaient chargés. Le sous-préfet, le maire, le capitaine de gendarmerie ayant promis de laisser faire, de ne rien voir, de ne rien entendre, ils avaient menacé la famille d'un odieux scandale ; et la famille, depuis la veille, semblait ne plus résister que pour la forme.

L'heure indiquée pour la levée du corps était passée ; le clergé n'apparaissait pas. Les autorités elles-mêmes, les corps constitués, les compagnies des notaires, des avoués, des huissiers, le tribunal en robes, n'étaient pas réunis.

Tout à coup les portes de la maison se sont ouvertes ; un bruit de pas cadencés se fait entendre ; ce sont les membres de la libre-pensée de Semur qui enlèvent et emportent la bière, recouverte du drap noir et de bouquets d'immortelles.

Le char funèbre reçoit son fardeau. Toutes les autorités, surgissant de la cour d'une maison voisine, sont là, qui prennent leur rang pour le défilé. Voilà le préfet de la Côte-d'Or, le sous-préfet de Semur, le maire et ses adjoints, le conseil municipal, les sénateurs, les députés du département, les conseillers généraux, d'arrondissement, les magistrats, personne ne manque... Mais les fils du défunt n'y sont pas ; des amis intimes de la famille, des serviteurs de la maison, pas un n'est là... C'est plus qu'une protestation contre la violence qui leur est faite ; il y a quelque mystère caché...

Cependant le chef des radicaux de l'endroit, Lagratte, un huissier révoqué, qui fait la banque, s'est constitué maître des cérémonies ; il a distribué les cordons du poële, donné ses ordres aux gendarmes, commandé le portez armes aux pompiers, fait saluer le drapeau rouge et donné le signal du départ.

Les cloches de l'Eglise sonnent à grande volée. Le cortège qui pourrait gagner le cimetière sans traverser la ville, prend, au contraire, la direction de la grande rue de Semur ; il va passer devant le temple de Dieu. Sa bannière menacera la croix. Le défilé est superbe ; ce n'est pas une manifestation, c'est un triomphe. Huit discours vont être prononcés sur la tombe.

Mais à peine les derniers dans le cortège ont-ils disparu au tournant de la rue d'Alise, que sortait discrètement par une porte de service donnant sur la campagne, une petite charrette, portant, apparemment, quelques bottes de paille, recouverte d'une bâche de toile hermétiquement fermée, qui prenait, bon train, la route conduisant au village de Chassenay où la famille Dubreuil avait une propriété de campagne. Deux grands omnibus s'étaient en un instant remplis de voyageurs et avaient pris la même route, sur laquelle n'avaient pas tardé à paraître plusieurs voitures, qui, sans bruit, dirigeaient du même côté leur course.

Une demi-heure après, les portes de l'église de Chassenay s'ouvraient pour recevoir la dépouille mortelle de Dubreuil qu'on tirait de la petite charrette et le curé, assisté de plusieurs prêtres de Notre-Dame de Semur, après avoir, un peu à la hâte, jeté l'eau bénite et fait refermer les portes, se dirigeait vers l'autel, où il allait dire la messe et les prières des morts pour le repos de l'âme du pauvre pécheur, en l'honneur duquel maints discours continuaient à se débiter au cimetière de Semur, sur un cercueil vide. Les fils et les filles de Dubreuil, ses parents, ses amis, confiaient ensuite à la terre, dans un modeste champ de repos, qu'une vieille croix protège encore, celui dont ils déploraient la faiblesse et pour lequel ils venaient d'implorer la miséricorde divine.

Vers la fin du jour, le bruit se répandit, à Semur, de ce qui venait de se passer. Il était difficile d'espérer le secret ; des cochers avaient parlé.

La libre-pensée comprit le ridicule de cette cérémonie, de ces nombreux discours sur quatre planches ne contenant même pas un cadavre. L'exaspération fut extrême. On courut au cimetière de la ville pour s'assurer de la vérité. On ne trouva dans cette boîte oblongue que quelques bûches bien enveloppées de vieux linges. On courut à la gare du chemin de fer pour prévenir les Sénateurs et les Députés qui repartaient pour Paris. Ceux-ci se mirent à rire aux éclats et se hâtèrent de monter en wagons.

Cela, cependant, ne faisait pas l'affaire de l'ex-huissier Lagratte. On allait se moquer de lui dans Semur, et plus d'un qui n'avait pas osé, le matin, protester contre l'odieux de pareilles saturnales, allait se venger, par ses sarcasmes, de sa propre faiblesse, de la honte bue.

Il ne sera pas dit que les Jésuites se seront f... de lui impunément! Il ramasse une vingtaine de ses amis; on crie au scandale! les voilà cent; les voilà deux cents ; Lagratte les harangue, enflamme leur courage, les excite à la vengeance; Dubreuil leur appartient; ils iront le chercher... à bientôt! crie-t-il à ceux qui restent, à ceux qui n'osent... et les voilà qui marchent à grands pas, qui courent vers le village de Chassenay, criant, hurlant, sans cacher leur but. Ils vont violer une sépulture... les gendarmes les voient passer; les gendarmes rentrent à leur caserne. Le Sous-Préfet est parti pour Paris avec les Députés. Le Maire est averti... le Maire fait son piquet : cinq de point en cœur ; deux tierces majeures, onze ; et quatorze d'as, vingt-cinq... vingt-six, vingt-sept, vingt-huit, vingt-neuf, soixante ; se contente-t-il de répondre.

Les autres, arrivés au village, ont trouvé pelles, pioches et cordes ; ils ont bientôt soulevé la bière. Ils la mettent sur trois fortes perches et six hommes de bonne volonté la portent.

Mais on n'est pas sans avoir rencontré plusieurs cabarets sur la route ; deux ou trois coups de vin ont alourdi les jambes ; l'un des porteurs chancelle ; la bière a roulé sur le pavé ; on la ramasse et on continue. Il fait nuit close. Là, on répare le pont sous lequel coule le ruisseau du Gernaut ; on quitte le milieu du pavé ; un homme de droite fait un faux pas, il saisit, pour se retenir, la poignée du cercueil. Les autres porteurs n'ont pas résisté assez vivement ; avec l'homme, la bière est tombée dans le ruisseau. On la ramasse encore ; mais les ais ont cédé, le couvercle est disjoint. Une odeur nauséabonde se répand, monte au nez des porteurs ; ils veulent être remplacés par d'autres ; les uns s'approchent et refusent ; d'autres ont gagné au large et se sauvent ; Lagratte est des premiers. Chacun le suit au plus vite ; le cercueil, toute la nuit, reste là, abandonné.

Des chiens sont venus, et le lendemain, au jour, quand le garde champêtre a requis des hommes de bonne volonté pour ramasser le cadavre qui gît, nu, sur l'herbe du chemin, on constate qu'un bras a été détaché du tronc... on retrouvera l'os dans une rue de Semur... Pauvre Dubreuil !

L'autorité se décidera à faire une enquête. L'enquête prouvera que Lagratte et ses amis étaient allés à Chassenay pour manifester sur la tombe. Que cette accusation de violation de sépulture est une odieuse manœuvre des réactionnaires. Le garde champêtre, au besoin, sera destitué. Lagratte sera élu député aux élections prochaines. Vive la République !

Pour connaître le résultat des événements de la veille, nous n'avions voulu quitter Semur qu'un peu tard ; après déjeuner. C'était d'ailleurs jour de marché, et les petites villes de province prennent, ce jour-là, une physionomie particulière qui peut offrir parfois quelque intérêt.

Vers dix heures, nous pûmes croire que la révolution allait recommencer. Les femmes des environs qui apportent leurs denrées au marché, étaient exaspérées. Toutes, laissant leurs paniers à la porte, entraient à l'église, faire une prière, pour apaiser la colère céleste. Le village de Chassenay était descendu en masse. Les uns racontaient avoir vu la tête dans le rû de Gernauf, complètement séparée du tronc. D'autres, avaient éloigné, à coups de gaule, des porcs qui dévoraient les entrailles...

Voilà qu'on se porte en foule devant les deux charcutiers de la grande place. On voulait jeter leurs viandes dans le ruisseau. De la viande de porcs engraissés de chair humaine ! La fable avait grossi.

Les charcutiers furent obligés de fermer leurs grilles ; la vente du vendredi fut perdue. Toute cette foule se rue, glapissante, devant la maison de Lagratte ; on jette des pierres... les fenêtres étaient garanties par des grilles à rez-de-chaussée ; par des volets aux étages supérieurs, cependant plusieurs carreaux furent brisés. Lagratte, d'ailleurs, avait décampé. Il savait bien que l'autorité l'aurait volontiers laissé pendre, pour racheter sa couardise de la veille.

On eût eu peine à trouver dans Semur, à midi, le moindre bouquet d'immortelles. Les petites fleurs jaunes s'étaient cachées. Tant il est vrai que c'est la lâcheté des agents de l'autorité qui, toujours, fait la force des coupables.

De Semur à Flavigny (18 kilomètres).

Flavigny, hôtel Saillier.

La conversation entre Monsieur et Madame de Mauperth dut rouler longtemps sur les événements de la veille et du jour. Leurs regards se portèrent plus indifférents sur les campagnes qu'ils traversèrent ; M. de Mauperth avait connu Dubreuil à Paris, dans ses années de cléricature et de droit. C'était un homme intelligent, d'une activité dévorante, d'une ambition non moins vive, que devaient, seuls, refréner les nécessités de la vie, le besoin de se faire rapidement une situation.

Son père lui laissa son étude de notaire à Semur ; marié jeune, il avait eu plusieurs enfants à élever ; son activité s'était donc employée, d'abord, à augmenter honnêtement les produits de sa charge ; puis, s'était portée sur toutes les œuvres humanitaires qui pouvaient le mettre en avant et lui mériter la croix de la légion d'honneur, objets des aspirations, des rêves de toute sa vie.

A ce prix modéré, l'Empire ne sut pas le conquérir. En 1870, c'est en toute conscience qu'il put se proclamer républicain de la veille, c'est-à-dire mécontent de la veille. L'influence que lui acquit son mandat de député flatta, d'abord, son orgueil, plus tard, son avarice.

Ce n'est pas sans de fortes dépenses qu'on soutient une candidature. L'indemnité que la patrie vous donne passe bien vite aux amis, aux journaux qui vous ont patronné ; une misérable somme de neuf mille francs ne représente, que bien juste, les sacrifices d'argent que la situation vous impose. Aussi, Dubreuil tenait-il à sa place de député comme à l'héritage de ses pères ; la lâcher, lui eût paru un acte de mauvaise administration. De là il n'y a pas loin aux plus misérables capitulations de conscience. C'était l'histoire navrante de cet homme, jadis honnête, acceptant, pour rester député, les plus honteuses compromissions ; se faisant le complice d'hommes qu'il méprisait, votant avec eux, trahissant ses convictions, ses amis ; tendant la main à Lagratte, lui vendant son cadavre...

Peut-il être un plus puissant plaidoyer en faveur de la gratuité des fonctions électives ?

L'arrivée au pied de la pente des hauts plateaux sur lesquels se trouve Flavigny, mit fin aux tristes réflexions de nos voyageurs sur la politique des temps troublés où nous vivons ; à leur gauche, ils apercevaient Alise-Sainte-Reine et le sommet du mont Auxois qui la couronne. Il leur semblait déjà découvrir la haute statue de Vercingétorix, le dernier défenseur de l'indépendance de la Gaule.

Bientôt après, à Flavigny, ils dînaient à l'hôtel Saillier.

A table d'hôte, on parla beaucoup des événements de Semur... Les libres-penseurs sont bougrement bêtes, s'écria tout à coup le voisin de table de la maîtresse de l'hôtel qui présidait le dîner; vous savez, chère Madame, que j'ai pour femme la plus digne et la plus habile ménagère de tout le département; soit dit sans vous offenser! Ma maison est propre comme le fond d'un chaudron; pas une chiasse de mouche sur ma vaisselle; pas un accroc à mon linge; tout est en ordre; tout est net comme torchette... mais la pauvre femme a les défauts de ses qualités; elle exagère; elle n'est jamais contente; la soupe est toujours, à son gré, ou trop froide ou trop chaude; le poulet mal rôti... elle gronde la cuisinière... Comment! une araignée dans le coin du salon! elle gronde la fille... Une reprise mal faite à ce torchon! elle gronde l'ouvrière... Ma jument s'est roulée dans son crottin! elle gronde le garçon... Je n'ai pas, en rentrant, accroché mon chapeau à la patère de l'antichambre; elle me fait un sermon à me rompre la tête. La première levée, la dernière couchée; sans trêve ni repos, on n'entend qu'elle dans la maison ; sa voix aigre, ses plaintes incessantes domineraient le bruit du chemin de fer, s'il roulait à notre porte. Pour la pluie ou le beau temps, elle attaque le bon Dieu, lui-même ! Bonne femme au fond, elle fait de la maison un enfer... Eh bien ! j'ai quatre fois par an, une trêve de dix jours.

Mme Lamure remplit avec exactitude ses devoirs religieux.

Quatre fois par an elle va à confesse et communie.

Femme de convictions sincères, elle fait de louables efforts pour se rendre et rester digne du grand Sacrement.

Huit jours avant, deux jours après, elle est douce comme miel ; le calme renaît autour de moi ; c'est le paradis sur terre !

Puis, la chose faite, le naturel l'emporte ; le diable reprend ses droits et force m'est d'attendre patiemment la trêve prochaine.

Si nous étions des libres-penseurs, je n'aurais même plus un mois de bon sur douze !

Jacques, le garçon de service qui paraissait connaître intimement tous les abonnés et mêlait volontiers son mot à la conversation, intervint au moment où les convives, quittant la table, introduisaient dans leur bouche un formidable cure-dents; s'approchant de M. Lamure :

— Mais, monsieur, lui dit-il, si elles n'allaient pas à la messe le dimanche, jamais plus nos femmes ne se laveraient !

L'argument eut le succès d'un violent éclat de rire.

Nous irons de Flavigny faire excursion à Alise-Sainte-Reine, au mont Auxois et au château de Bussy-Rabutin.

Nous irons à cheval ; Joseph et un garçon de l'hôtel pour nous servir de guide, nous accompagneront à pied, sans cependant nous suivre aux allures rapides, comme les âniers du Caire suivent les voyageurs.

Nous allons droit à la statue de Vercingétorix, au mont Auxois. Au-dessous de nous se développe le village d'Alise.

Alise est-elle où fut Alésia ? peu importe ; c'est au mont Auxois qu'était le camp retranché autour duquel Vercingétorix lutta vainement pour défendre la liberté de la Gaule.

César avait abandonné le siège de Gergovie, en Auvergne, rejoint son lieutenant Labiénus, battu les Gaulois près de Montbard et forcé Vercingétorix à s'enfermer dans son camp retranché d'Alésia.

Une troupe énorme de combattants était venue de tous les points de la Gaule au secours de Vercingé-

— 83 —

torix ; il fut battu de nouveau et forcé de se rendre au vainqueur.

Le tableau de Paul Masse a rendu fidèlement la grandeur du récit historique que nous a donné Henri Martin de la défaite du héros gaulois.

La statue de Vercingétorix a été élevée sur le mont Auxois en 1865. Le piédestal est de Viollet-le-Duc ; la statue est de Millet.

On montre dans une sorte de musée des antiquités gauloises et romaines trouvées dans le village d'Alise ; puis, à l'hôpital, un os du bras de Sainte-Reine, la martyre vénérée, dont les reliques, cependant, sont déposées à Flavigny.

Après un déjeuner rapide à Alise, nous allons visiter le château de Bussy-Rabutin.

Le village de Bussy-le-Grand a vu naître Junot, duc d'Abrantès ; il est situé sur la route qui relie Alise au bourg de Baigneux-les-Juifs, un chef-lieu de canton.

Son étendue est grande ; des champs, des vergers s'étalent entre ses différents groupes d'habitation ; au sommet de la rue du Château, à plus d'un kilomètre de l'église, s'élève le château de Bussy-Rabutin.

Le château de Bussy, dont certaines parties peuvent remonter au XIIe siècle, dont les quatre grosses tours saillantes, quoique moins anciennes, ont une origine féodale, a été réparé, reconstruit partiellement en 1649 par le comte Roger Bussy de Rabutin, dans le style pompeux de l'époque, avec colonnes et pilastres, sans aucun égard pour les deux ailes antérieurement décorées dans le style de la renaissance.

Le comte Roger, de la branche cadette des Rabutin, une vieille et notable famille de Bourgogne, naquit à Epiry en 1618, mourut en 1693, et fut inhumé en l'église Notre-Dame d'Autun.

« Il avait beaucoup d'esprit, a dit Mme du Deffand,
« très cultivé; le goût très juste, beaucoup de dis-
« cernement sur les hommes et sur les ouvrages,
« raisonnant très conséquemment; le style excel-
« lent, sans recherche, sans tortillage, sans préten-
« tion; jamais de phrases, jamais de longueurs,
« rendant toutes ses pensées avec une vérité infinie;
« tous ses portraits sont très ressemblants et bien
« frappés. »

Ce fut lui qui, le premier, fit dans le monde de la cour la réputation littéraire de Mme de Sévigné, sa cousine; Mme de Sévigné lui a payé ce service avec usure; c'est à elle qu'il doit, depuis longtemps, sa plus grande notoriété.

Il avait l'humeur altière des grands seigneurs du

siècle précédent, toujours disposés à servir le Roi ou la Ligue, selon leur intérêt du moment ; mais l'autorité royale ne tarda pas à s'appesantir rudement sur lui ; il ne sortit de la Bastille que pour s'éloigner de la cour, exilé dans ses terres. C'est à sa disgrâce que le château de Bussy doit une grande partie de sa splendeur.

Il fit de son château un véritable musée de peinture ; de ce musée, une cruelle satire.

On pouvait, à bon droit, s'étonner de son audacieuse vengeance, quand on lisait au-dessous du portrait d'Isabelle-Cécile Huraut de Cheverny, marquise de Montglat cette devise :

« Qui, par son inconstance, a remis en honneur la
« matrone d'Éphèse et les fames d'Astolphe et de
« Joconde. »

Il faut dire à sa décharge que c'est pour charmer les loisirs de Mme de Montglat qu'il avait écrit l'histoire amoureuse des Gaules, et que celle-ci, dès qu'elle le vit enfermer à la Bastille, s'est empressée de le trahir.

Cette autre devise, au-dessous du portrait de Catherine de Bonne, marquise de la Beaume :

« La plus jolie maîtresse du royaume et la plus
« aimable, si elle n'eût été la plus infidèle. »

Le comte Roger lui avait confié le manuscrit des

amours de la comtesse de Châtillon et de la comtesse d'Olonne. La marquise n'avait pu garder un tel secret. Son indiscrétion fut la cause de l'emprisonnement et de l'exil du comte.

Et cette autre, au-dessous du portrait de Catherine d'Angennes, comtesse d'Olonne :

« Moins fameuse par sa beauté que pour l'usage
« qu'elle en fit. »

La dépravation eut dans tous les temps les mêmes erreurs ; n'insistons pas.

Visiter le château de Bussy sans avoir lu à l'avance la description historique et artistique qui en a été donnée par M. le comte de Sarcus, en 1854, ce serait renouveler le travail de Pénélope. Il y a dans la construction de l'édifice, dans sa distribution, son ornementation, dans la diversité des richesses qui y sont accumulées, une telle variété, une telle profusion que la mémoire la plus sûre s'y perdrait ; que l'image la plus vague en resterait dans l'esprit. Il est bon de connaitre à l'avance. et salle par salle, ce musée rétrospectif. La notice de M. le comte de Sarcus est d'une précision remarquable ; c'est, à vrai dire, un catalogue, et c'est le catalogue à la main qu'il faut visiter le château.

Nous employons la journée du lendemain, dimanche, à la visite des sources de la Seine — à cheval, accompagnés du même guide, nous gagnons Saint-Germain-la-Feuille, nous montons visiter le monument que la ville de Paris, en 1867, a fait ériger aux sources de la Seine, et au centre duquel a été placée la statue d'une nymphe dûe au ciseau du sculpteur Jouffroy, né à Dijon, l'auteur du *Secret à Vénus*. Sur cet emplacement on a découvert, en 1763, les ruines d'un temple romain, dont tous les fragments ont été transportés au musée de Dijon.

Le *guide Joanne* donne sur ces fragments, comme sur les sources elles-mêmes, des détails intéressants.

Le lundi nous allons à Saint-Seigne-l'Abbaye.

De Flavigny à Saint-Seigne (32 kilomètres).

Saint-Seigne : Bony, Hôtel du Soleil-d'Or.

Saint-Seigne doit son origine et son nom à une abbaye de bénédictins, très riche et très puissante, dans laquelle Louis XIV daigna s'arrêter.

On voit dans l'église des fresques représentant les divers épisodes de la vie du saint ; des restes d'un jubilé gothique et quelques pierres tombales d'abbés.

Un établissement hydrothérapique a été fondé, vers 1846, dans les bâtiments de l'ancienne abbaye.

De Saint-Seigne à Dijon (28 kilomètres).

Dijon, hôtel de la Cloche, place Darcy.

Nous partons de grand matin ; nous atteignons les hauts plateaux de Saint-Martin-du-Mont et bientôt nous redescendons dans l'étroite vallée du Suzon — lorsque nous avons traversé le village, au milieu de ses belles prairies, de ses bois touffus, de ses rochers, de ses grottes, se dresse devant nous une montée longue, rapide, pittoresque qui n'a pas moins de plusieurs kilomètres de long et qui allait nous offrir, de tous côtés, de splendides points de vue.

Pour jouir plus longuement du panorama qui allait se dérouler au-dessous de nous, nous mimes pied à terre et Joseph prit la conduite des chevaux, les arrêtant de temps à autre, dans la montée, pour les forcer à reprendre haleine et à repartir plus doucement.

Madame Louise prenait plaisir à cueillir quelques fleurs dans les champs voisins, sur les bords de la longue trainée blanche.

A mesure que nous montions, j'admirais les splendeurs de la vallée du Suzon qui se développait à nos pieds et, à quelques centaines de mètres plus loin, sur la gauche, la situation d'une maison bourgeoise de modeste apparence, qui ouvrait gaîment ses persiennes d'un vert bleu tendre, au soleil du matin.

Le parc, moitié verger, moitié taillis, s'avançait jusqu'au bord de la route ; nous fîmes une halte.

S'il ne nous avait fallu conserver une ample provision de formules admiratives pour les grands horizons de la nature alpestre, que nous allions découvrir dans quelques jours, nous les aurions épuisées toutes, pour manifester notre enthousiasme.

Nous ne pouvions nous arracher à la contemplation de ces magnificences ; l'âme ouverte à toutes les sensations de bien-être, que donne le spectacle d'un beau paysage, à l'heure où la lumière vient l'éclairer dans la tonalité qui lui convient.

Le réveil de la nature, aux rayons du soleil, qui dissipe les vapeurs de la nuit, sans ravir encore aux plantes leur fraîcheur, leur rosée, est comme une invocation à la jeunesse, une fanfare d'appel au bonheur de vivre. Le tableau vint à s'animer tout à coup, dans une harmonie parfaite avec nos pensées.

Une belle jeune fille de quinze ans sortait du parc, dont le feuillage l'avait, jusque-là, masquée à nos regards, courant, jouant, avec deux gros garçons joufflus, des enfants encore, ses frères; plus jeunes qu'elle de plusieurs années, et une petite chienne levrette, au pelage cendré, pure de race, bondissant autour d'eux avec la vigueur et l'élasticité d'un jeune faon. Ils avaient franchi la grille en bois qui forme clôture, M"⁰ Marie (nous ne tardâmes pas à apprendre son nom, aux appels fréquents de ses frères) faisant de vains efforts pour rappeler Gazelle, qui s'était échappée à travers les barreaux vermoulus de la grille. La levrette s'appelait Gazelle ; elle en avait la souplesse et la légèreté. M"⁰ Marie était une grande jeune fille, déjà femme par sa taille élancée, par le développement des hanches et de la poitrine ; elle était encore fillette dans ses membres un peu grêles, dans sa toilette, sa robe écourtée, ses cheveux retombant en deux grosses nattes blondes au milieu du dos.

Gazelle ! Gazelle ! veux-tu bien venir ! et les deux garçons criaient aussi Gazelle ! avec leurs grosses voix rudes, dans la mue.

Gazelle revenant soudain, en un galop rapide, et me reconnaissant, probablement, pour un ami des bêtes de sa race, me marquait, en bondissant, ses quatre pattes dans le dos et repartait aussitôt plus vive et indisciplinée.

Les gamins se mirent à rire aux éclats ; M"⁰ Marie, tout en poussant un oh ! monsieur... d'excuse, ne pouvait réprimer un sourire ; Louise l'y encourageait par son exemple. La connaissance était faite.

Gazelle, ici, Gazelle ! je vais te corriger, criait

Mˡˡᵉ Marie, en essayant d'être sérieuse, et elle fit claquer un petit fouet, qui rappela Gazelle à plus d'obéissance.

Elle était là toute apeurée, la gentille petite bête, serrant sa queue si longue, si fine, entre ses jambes, courbant l'échine, cherchant à lire dans les yeux de sa maîtresse si la menace était sérieuse. Les yeux n'avaient rien d'effrayant, paraît-il ; Gazelle reprit, en cercle, autour de nous, ses bonds joyeux, sa course folle.

Mais à certaine manière d'agiter la queue, à certains mouvements nerveux que proscrit la pudeur, chez une petite chienne bien élevée, je remarquai que Mˡˡᵉ Gazelle était prête à mettre de côté tout respect de soi-même ; que la nature, en un mot, la sollicitait à la maternité.

Dans ce cas, adieu obéissance, affection pour maîtresse, crainte du châtiment ! un besoin impérieux se fait sentir, celui de la liberté...

Fermez bien les grilles, sinon, la bête s'échappera, pour aller traîner par les champs, et courir le guilledou.

Prenez garde ! crus-je devoir dire aux deux gamins, alors que Louise avait engagé la conversation avec Mˡˡᵉ Marie, prenez garde à Gazelle ! elle est un peu folle ce matin ; elle va se sauver et ni vos appels, ni le fouet, ne la feront revenir ; attachez-la...

Je venais à peine de donner ce conseil, que débouchait sur la route, par un chemin latéral, la voiture d'un boucher, conduite par un garçon de dix-huit à vingt ans, qui, montant la côte, mit son cheval au pas, un peu en avant de nous.

Sous la voiture était attaché un ratier de la race des petits bouledogues, au poil roux et luisant, à la langue haletante, qui faisait bravement son métier, aboyant à droite, aboyant à gauche, et donnant de grands coups de collier pour aider son ami le cheval à traîner la voiture au sommet.

En deux bonds, Gazelle fut à ses côtés.

Rappelez Gazelle, m'écriai-je !...

Oh ! il n'y a pas de danger, s'empressa de répondre Mlle Marie, c'est Rototo ; le chien de notre ancien boucher.

Isidore nous l'amenait tous les jours, alors que Martelier, son père, servait notre maison.

Rototo était tout jeune, alors ; on ne l'attachait pas. Gazelle n'a pas oublié les bonnes parties de cache-cache qu'ils faisaient ensemble et leurs courses sans fin...

Maman a changé de fournisseur... il paraît qu'Isidore n'était pas convenable avec Rosalie, la fille qui nous fait la cuisine... Rototo a grandi, depuis...

Gazelle en a quelquefois un peu peur. Aujourd'hui, il est attaché ; elle fait la brave ; mais au moindre geste trop brusque, elle va se sauver et revenir...

Et cependant Mlle Marie, d'appeler vivement Gazelle qui continuait à s'éloigner, montant la côte derrière la voiture, non loin de Rototo, qui faisait mille efforts pour se retourner, appelant sa compagne d'enfance de petits cris plaintifs.

Gazelle craignait probablement qu'il s'étranglât ; elle se rapprochait de lui, malgré la frayeur que lui causait la chute des grains de sable, que le frottement de la main d'enrayage, à chaque tour de roue, faisait tomber sur elle.

La voiture du boucher, enfin, est au haut de la côte ; le cheval appuie à gauche ; il y a là un cabaret que tous les chevaux du pays connaissent... le verre du garçon est déjà tout prêt sur le comptoir ; on trouve là un ami et on cause un brin.

Mais que peut donc bien dire Rototo à Gazelle, pour empêcher celle-ci de répondre aux cris d'appel de sa jeune maîtresse, d'obéir aux coups de sifflet des deux frères ?

Il lui dit, en petits cris haletants, son affection brûlante, ses désirs passionnés ; il lui chante l'hymne éternelle d'amour ; celle que la nature a mise au cœur des bêtes comme au cœur des humains ; celle qui séduit la femelle et la femme ; celle qui entraine le monde à la reproduction des espèces.

Et Gazelle séduite par le charme de ce langage nouveau pour elle, par ces prières, par ces supplications,... elle ne craint rien d'ailleurs ; Rototo n'est-il pas attaché ? Elle pourra toujours fuir s'il devient trop entreprenant ; Gazelle se rapproche ; elle lui parle à son tour de leur jeunesse, de leur tendre amitié, museau contre museau ; leurs langues se sont rencontrées dans un baiser passionné ! Rototo fait un effort suprême ; il a pu saisir son amie dans ses pattes, il l'étreint et, en moins de temps qu'il n'en a fallu à Isidore, pour lamper un second verre offert par l'amitié ; en moins de temps qu'il ne nous en a fallu pour, inquiets, toujours criant, toujours sifflant, nous rapprocher un peu du cabaret, Mademoiselle Gazelle est Madame Rototo.

Pauvre Gazelle ! pouvait-elle savoir quelles suites cruelles la nature a imposées à l'accouplement de ceux de sa race ?

J'avais à la main la lorgnette avec laquelle j'avais plongé mes regards sur toutes les merveilles de la vallée du Suzon ; elle m'avait servi à suivre dans leur fugue Gazelle et Rototo ; mais tout en pressentant un dénouement funeste, je n'avais pu, même en devançant la jeune fille et ses frères, arriver à temps pour empêcher le regrettable accouplement d'une levrette au svelte corsage et d'un bouledogue au nez camard.

Le mal était fait, irréparable ! Il ne fallait pas laisser cette jeune fille monter jusqu'à l'auberge pour, dans son ignorance, s'arrêter sur ce hideux spectacle, Rototo et Gazelle dans cette situation grotesque que Callot seul a pu peindre ! N'était-ce pas assez pour la dégoûter à jamais de sa tendre affection pour sa petite compagne ?

Je redescendis un peu, fis un signe à Louise, lui jetai deux mots et repris lentement mon ascension. Il n'y avait pas à se presser maintenant... Louise, pendant ce temps, retiendrait à mi-côte Mlle Marie et ses frères, hors de la vue de ce qui se passait là-haut, et je faisais, en marchant quelques réflexions.

Pourquoi faut-il, pensais-je, que le créateur de toutes choses, qui déploie si libéralement à nos yeux les splendeurs de cette vallée, de ces lointains horizons, jusqu'aux neiges dorées, là-bas, du Mont-Blanc, ait cru devoir imposer aux regards de l'homme un spectacle aussi repoussant ?

Pourquoi faut-il que l'animal, dont les instincts se rapprochent le plus de l'intelligence humaine, le chien, qui mourra de joie au retour du maître, de douleur, à sa mort, soit choisi entre tous, pour devenir un objet de dégoût?

Pourquoi faut-il que la passion qui nous anime de son souffle le plus puissant, qui fait affronter les périls, la mort ; qui jette à l'âme du poète ses plus sublimes inspirations ; que l'amour doive prendre corps à nos yeux en une image aussi répugnante ?

Les décrets de la Providence, je l'avoue, restèrent impénétrables à mon pauvre entendement.

J'étais arrivé... Je restais à quelques pas en arrière, de l'autre côté de la route, à l'ombre de ma voiture.

Gazelle et Rototo semblent maudire, honteux, le lien qui les attache. Elle, regarde, suppliante. Ève n'était pas plus humble quand elle sollicitait d'Adam son pardon, après avoir mangé la pomme.

Isidore, cependant, avait fini de boire ; il se retourne : Ah ! nom de nom ! nom de nom ! s'écrie-t-il, Rototo n'a pas perdu son temps !

Et cette mijaurée du château qui vient jusqu'ici débaucher mon chien ! Ah ! je vais vous en donner de l'amour ! et il les menaçait de son fouet.

Son compagnon de comptoir l'a suivi sur le seuil de la porte, et la dame Baudu, la cabaretière, et la servante, une grosse fille, forte en couleur, qui

trouve moyen de rougir encore aux propos ordu-
riers que les deux jeunes gens échangent à haute
voix.

Hein ! dis donc, Amanda, crie Isidore, en se tournant vers la fille, si.....

Mais d'un poing solidement emmanché sur un bras
vigoureux, la mère Baudu lui coupe la parole, en le
poussant dehors.

Va donc chercher un seau d'eau, dit-elle à la servante...

— Pas la peine, Mame Baudu, répond Isidore, en
ébauchant un sinistre sourire ; est-ce qu'ils croient
que je suis fait pour les attendre ?

Il agite son perpignan, et un flic flac sonore prouve
à Rototo qu'il est temps de remettre le nez dans les
jambes de son cheval.

Isidore s'élance sur le marchepied ; le cheval a
senti la secousse et la guide ; il part et, sous la menace du fouet, détale au grand trot.

La mère Baudu s'indigne et crie...

Le cantonnier, qui travaillait en face, lui ordonne
d'arrêter...

Moi-même je me précipite...

Le drôle est déjà loin.

Je fais à la hâte quelques pas en arrière ; Joseph
est à ses rênes ; en un bond, je suis à ses côtés ; il

lance ses chevaux à la poursuite ; mais nous sommes en retard de cent mètres.

Gazelle est entraînée à reculons ; sa résistance est vaine ; les pattes ont fléchi. C'est une masse inerte qui roule sur le caillou. A chaque aspérité d'une pierre qui dépasse, la tête se heurte et se brise ; de larges taches de sang marquent la place où le corps meurtri a touché terre en bondissant.

Mes chevaux regagnent la distance qui nous sépare ; je saisis mon revolver et, pour effrayer le misérable, je tire...

Son cheval est au galop, il fouette de plus belle... mais il se sent rejoint ; il a peur d'une attaque sérieuse ; il ralentit sa course ; il s'arrête. Il va mettre pied à terre... Au même moment, le corps de la pauvre petite bête s'est enfin séparé du lien qui l'attachait...

Il est là, pantelant, dans la poussière ; les yeux semblent conserver encore un peu de vie ; mon premier soin est pour elle...

Le drôle en profite et se sauve. Je le retrouverai plus tard.

Gazelle a senti un ami secourable ; son œil s'est tourné languissant : Porte à ma jeune maîtresse, semblait-il me dire, ma dernière pensée ; je meurs victime des entraînements de l'amour...

Et ce fut tout ; la pauvre Gazelle était morte.

Il ne fallait même pas songer à mettre sous les yeux de mademoiselle Marie ses restes informes ; ce n'était plus, comme a dit la fille de Jésabel :

> Qu'un horrible mélange
> D'os et de chairs meurtris et traînés dans la fange

J'appelai le cantonnier ; je lui fis creuser un trou profond dans le champ voisin ; j'y déposai les restes de Gazelle et nous rejetâmes la terre.

Puis, je m'empressai de rejoindre Louise, mademoiselle Marie, les enfants, remettant au lendemain le soin de faire infliger à ce misérable une punition méritée.

Il fallait apprendre à la jeune fille le sort de sa levrette. L'inquiétude causée par ma longue absence facilitait la tâche. Louise me vint en aide ; mais, au milieu de ses larmes, Marie, la pauvre enfant, tomba dans les spasmes d'une attaque nerveuse qui ne nous permettait plus de l'abandonner aux soins de ses jeunes frères.

Nous dûmes la transporter, presque sans connaissance, au logis maternel.

Après toutes les explications qu'il nous fallut donner et répéter encore sur ce drame lamentable, après maints remerciements qui nous furent adressés par le père, par la mère, nous ne pûmes refuser de rester à déjeuner, et quand la première émotion fut calmée, on put songer, de sang-froid, à tirer une vengeance salutaire pour la considération de M. X... dans le pays.

J'étais membre de la société protectrice des animaux ; je rédigeai une plainte demandant à M. le procureur de la République à Dijon une répression sévère, par application de la loi Grammont.

Un mois plus tard, nous avions la satisfaction d'apprendre qu'Isidore avait été condamné à deux jours d'emprisonnement, cent francs d'amende et deux cents francs de dommages-intérêts envers M. X... qui s'était porté partie civile.

Une satisfaction plus vive encore nous était réservée : dans une seconde lettre, M. X... m'apprenait que le père Martelier, qui avait cru tout d'abord pouvoir rire de l'escapade de son fils et du bon tour joué aux bourgeois qui ne prenaient plus leur viande chez lui, s'était mis dans une colère furieuse, lorsqu'il avait fallu payer, comme civilement responsable, les frais, l'amende et les deux cents francs de dommages-intérêts abandonnés par M. X... aux pauvres de la commune et que Martelier avait administré à son fils quelques coups de nerf de bœuf dont ses épaules porteraient un long temps la marque. Mademoiselle Marie ajoutait à la lettre de son père ses vifs et sincères remerciements. Sur ma demande au directeur du Jardin d'acclimatation, on venait d'envoyer, en mon nom, à mademoiselle Marie, une jeune levrette de même robe, de même taille, aussi pure de race que feue Gazelle.

Nous quittâmes la famille X. à la fin de la journée et nous soupions le soir à Dijon.

Nous sommes à Dijon, au grand hôtel de la Cloche sur la place Darcy, où le commandant de Prével, un de mes vieux amis, nous a retenu notre appartement, après s'être assuré par lui-même que nos chevaux auraient bonne écurie, que bêtes et gens seraient confortablement installés.

Il a fait apporter dans notre salon toute une bibliothèque; nous retrouvons là Courtépée et Millin, une *Histoire du Morvan*, par l'abbé Baudiau; *la Côte-d'Or à vol d'oiseau*, de Luchet; l'*Histoire des grands crus de la Côte-d'Or*, de Lavalle; un volume des *Œuvres de Piron*, ses *Odes burlesques contre les gens de Beaune;* un volume des *Nouvelles confidences de Lamartine*.

Ce ne sera pas la faute de mon ami de Prével si nous ne connaissons dans tous ses détails l'histoire de la ville de Dijon ancienne et moderne. Cette histoire, d'ailleurs, est intimement liée à celle du duché.

Au xi*e* siècle, le roi de France Robert se fait céder la ville par l'évêque de Langres, il en fait l'apanage de son second fils, qui devient le premier duc de la première race royale.

Le duché fait retour à la couronne de France après la mort du douzième duc de cette première race sous le roi Jean, mais ne tarde pas à devenir l'apanage de son quatrième fils, Philippe le Hardi, premier duc de la seconde race royale, pour ne faire définitivement retour à la couronne de France que sous Louis XI, après la mort de Charles le Téméraire.

Avant 1789, Dijon est le siège d'un Parlement, d'un évêché, d'un gouvernement militaire, d'une chambre des comptes ; les Etats généraux de la Province s'y rassemblent ; ses écoles y attirent la jeunesse ; ses salons n'ont pas moins de renommée que ceux de Paris ; les hommes célèbres qu'elle donne à la France sont plus nombreux que dans toute autre province ; chaque rue de la ville s'honore du nom d'un de ses enfants.

Nous allions consacrer à Dijon quatre journées entières ; deux pour visiter ses monuments, ses musées, ses hôtels ; deux pour des excursions lointaines dont le commandant de Prével se réservait la direction.

Dès le soir, nous pûmes, guidés par lui, nous promener là où se portent d'habitude les élégants de la ville, prendre des glaces au café de la Comédie et nous convaincre qu'à Dijon la vie ne s'éteint pas tout entière avec la fin du jour.

On s'empressait à lire des affiches de spectacle qui annonçaient, pour le lendemain, une représentation extraordinaire par une troupe en passage. De Prével nous affirma que toute la ville y serait et nous résolûmes d'y assister.

Le Grand-Théâtre de Dijon est entièrement isolé. Sa principale façade est décorée d'un péristyle de huit colonnes d'ordre corinthien. Commencé à la fin de 1810, il n'a été inauguré qu'en 1828, et dix-huit mois plus tard, en juillet 1830, la duchesse d'Angoulême, qui assistait, dans la loge préfectorale, à une représentation de gala, y était saluée de quelques cris timides de : Vive le Roi ! aussitôt étouffés par mille clameurs d'une opposition formidable de : Vive la Charte !

Rentrée à la préfecture, elle recevait l'avis de revenir en toute hâte au château de Saint-Cloud ; elle ne rejoignait le roi qu'à Rambouillet sur le chemin de l'exil.

Le soir donc, Galli-Marié et Degenne chantaient *Carmen*. La chambrée était brillante. Grâce aux renseignements que nous donnait de Prével et à nos jumelles, nous connûmes en peu de temps le tout Paris de Dijon.

Dès le matin, de Prével est à son poste : il nous attend en face de l'hôtel, sur la place Darcy. Darcy est l'ingénieur qui, en 1839, captant les sources du Rosoir, dans le vallon du Suzon, a donné à Dijon ses fontaines ; nous passons par la porte Guillaume et nous nous portons tout d'abord sur la place de l'Hôtel de Ville ; nous nous contentons d'admirer la façade ; nous y reviendrons tantôt ; une voiture nous conduit à la porte et à la place Saint-Pierre, au cours et au parc. La réputation de cette belle promenade que la Ville a rachetée aux Condés, nous dispense de faire son éloge. En entrant par la porte d'Ouche, nous prenons l'avenue des Chartreux et nous arrivons à l'asile des aliénés.

Les ducs de la première race avaient leur sépulture à l'abbaye de Cîteaux ; Philippe le Hardi avait voulu établir la sienne et celle de ses descendants à la Chartreuse de Dijon. Statuaires, verriers, fondeurs, charpentiers, sculpteurs, tailleurs de pierres, tous, ouvriers et artistes les plus célèbres de l'époque, appelés par le duc, laissèrent dans ce couvent de nombreux chefs-d'œuvre, dont il reste à peine quelques vestiges ; tont fut bêtement détruit en 1793, les sépultures violées...

Quant aux tombeaux, on a pu en rassembler quelques pierres ; réparer, reconstituer les mausolées, les transporter dans la salle des Gardes, au musée de la ville. C'est sans doute intéressant... ce n'est plus à sa place.

Le portail d'entrée, une tour, le puits de Moïse, ont été classés parmi les monuments historiques. Un architecte les a reliés, rattachés à la nouvelle chapelle.

Le puits était au centre du grand cloître ; il est surmonté d'un piédestal qu'entourent six statues des prophètes. Elles sont l'œuvre de Claux Sluter, le même qui fit le tombeau de Philippe. Quant à la croix haute de sept mètres, quant au groupe de figures qui l'entouraient, il n'en reste rien.

De l'asile des Chartreux nous revenons au Jardin botanique fondé en 1772, par Legouz de Gerland. La ville lui a élevé un monument funèbre et mon ami de Prével veut absolument nous faire voir dans un bas-relief ancien qui en orne la base, et qui représente trois vignerons Bourguignons dégustant le produit de leur récolte, le gobelet à la main, les triumvirs Octave, Antoine et Lépide faisant aux dieux des libations pour sceller leur alliance. D'après Courtépée, d'après Millin et mon ami de Prével, on en devait conclure que Dijon, dès avant César, jouissait d'une civilisation assez avancée pour qu'on y sculptât des bas-reliefs en affublant des triumvirs du tablier des vignerons de Bourgogne, en leur mettant à la main le gobelet traditionnel.

Après déjeuner, nous visitons la cathédrale Saint-Benigme, l'église Notre-Dame, nous admirons ses vitraux, sa statue de la Vierge noire ; nous entrons à Saint-Michel, puis en suivant la rue Vaillant et la rue Rameau, un musicien et un maréchal de France, tous deux enfants de Dijon, nous nous retrouvons en face de l'Hôtel-de-Ville.

Chemin faisant, de Prével nous a fait voir l'hôtel Vogué, un chef-d'œuvre de la renaissance et dans la rue Chabot-Charny, remarquer une plaque commémorative, consacrant la reconnaissance des Dijonnais envers Chabot-Charny, gouverneur de la Bourgogne, qui refusa d'exécuter les ordres de Charles IX, lors de la Saint-Barthélemy. A quelques pas de là, voilà une rue Jeannin. Le président Jeannin a les mêmes droits que Chabot à la reconnaissance des habitants de Dijon ; il a pu défendre en même temps Dijon et Autun contre les fureurs de la guerre religieuse.

Voilà la rue Bossuet, et, place Saint-Jean, une plaque à sa mémoire ; d'autres à Crébillon, à Piron, à Cazotte; des rues Cabet, Devosges, peintre et sculpteur, et tant d'autres ; car Dijon qui est riche en célébrités de tous genres, semble ne négliger jamais de rappeler aux vivants, les mérites de ceux qui ont travaillé pour sa gloire.

Nous entrons au palais des ducs, palais des Etats, Logis du roi, aujourd'hui l'hôtel-de-ville.

« De l'ancien palais, disait Millin en 1807, il ne
« reste que quelques salles et une tour carrée,
« achevée sous Jean-Sans-Peur, les cuisines et les
« salles voûtées du rez-de-chaussée. On remarque à
« la clé de voûte de la tour le rabot que le prince
« avait pris pour sa devise, depuis que le duc d'Or-
« léans avait pris pour la sienne un bâton noueux. »
La partie neuve de l'hôtel-de-ville, qui contient le musée, le palais des beaux-arts, a été construite sur l'emplacement de la Sainte Chapelle aujourd'hui détruite.

La salle des Gardes, la plus intéressante du musée, offre à notre attention une cheminée monumentale restaurée, des tableaux, des bustes, des statues, une belle tapisserie, les tombeaux de Philippe le Hardi, œuvre du hollandais Claux Sluter, de Jean-Sans-Peur et de Marguerite de Bavière, par Jean de la Huerta, et, entre deux, une statue de la duchesse de Bedford, fille de Jean-Sans-Peur.

La salle des gardes a été plusieurs fois réparée, mais elle est restée dans sa forme, dans ses dimensions ; elle peut donner une haute idée de la puissance et du luxe (sinon de la richesse, car ils étaient souvent à court d'argent) des ducs de Bourgogne de la seconde race royale.

Le musée de peinture possède des toiles nombreuses et parmi, des œuvres remarquables. Nous examinons avec intérêt les tableaux de Devosges, de Prud'hon, de Gagneraux, enfants de Dijon, comme plus loin, dans la sculpture, les statues de Rude, de Jouffroy, de Jean Dubois, de Paul Cabet.

Nous voyons, au musée archéologique, la statue mutilée de la déesse Sequana, provenant du temple découvert aux sources de la Seine et qu'a remplacée, dans la grotte nouvelle, la nymphe de Jouffroy.

Le lendemain était consacré à une excursion au mont Afrique : de Prével nous guidait. Dès sept heures, nous étions à cheval ; nous suivions le cours de l'Ouche, pour remonter à Plombières, à Velars, à Malain.

Les viaducs de la voie ferrée succèdent aux tunnels, les tunnels aux viaducs. Nous apercevons successivement ces admirables ouvrages d'art, qui, de Blaizy à Dijon, se succèdent sans interruption et dont il est impossible d'apprécier la hardiesse quand le train vous emporte.

Nous pouvons approcher de l'entrée du tunnel de Malain-Blaizy; admirer le remarquable travail de cette voûte, au-dessus de laquelle se trouve le point de partage des eaux, qui, d'un côté, vont à l'Océan par la Seine; de l'autre, à la Méditerranée, par le Rhône.

Nous déjeunons tant bien que mal à Malain; puis nous nous élevons jusqu'aux sommets du mont Afrique qui domine Dijon et d'où la vue s'étend, sur la plaine, jusqu'à Châlon, jusqu'à la vallée de la Saône et par delà, jusqu'à la chaîne du Jura.

Nous redescendons par Talant, où les ducs eurent un château; et par Fontaine, où naquit saint Bernard. Nous avions évité la chaleur du jour, nous ne rentrions à Dijon qu'à huit heures pour souper.

Nous recommencions le lendemain pour aller déjeuner au château de Montculot ou d'Urcy.

Parmi les livres que de Prével avait mis à notre disposition se trouvait un volume de Lamartine, *Nouvelles confidences*. Un large papier séparait les feuillets au chapitre 47, avec ce mot au crayon : Château d'Urcy. Nous avions lu, et tout naturellement nous avions désiré voir.

Depuis longtemps de Prével avait fait, à l'avance,

partager notre enthousiasme à quelques-uns de ses amis. Un mari et sa femme devaient nous accompagner à cheval ; deux autres ménages nous suivaient en char à bancs, qui s'étaient chargés du déjeuner y compris quelques bouteilles d'un vin mousseux des environs de Lons-le-Saunier, corsé et léger tout à la fois, pétillant comme du champagne, si gai qu'il nous fut impossible de ne pas affirmer que Lamartine avait fortement assombri son tableau, en peignant, sous des tons aussi lugubres, les merveilles des montagnes noires qui entourent le château d'Urcy.

Tous ensemble, le soir, nous soupions à notre hôtel. Un nouveau convive nous y attendait. Delaunay, le conteur de la chambre aux harengs de Villeneuve-la-Guyard, Delaunay, l'ami de Prével, comme le mien, était à Dijon ; il ne venait pas y acheter un lot de terres ; il était en mission, disait-il ; mission matrimoniale, mission politique, scientifique, industrielle ? Nos nombreuses questions le laissèrent inébranlablement fermé, muet. Rien ne prouverait, à vrai dire, qu'il n'eut pas fait le voyage uniquement pour détruire, dans l'esprit de Mme de Mauperth, la fâcheuse impression que son conte des harengs avait pu, craignait-il, y faire naître.

On lui avait fait savoir chez de Prével que nous soupions ensemble à l'hôtel de la Cloche ; il nous y attendait, en surveillant les apprêts du festin.

Delaunay nous trouvait animés par le grand air, par le bruit, le mouvement, l'intimité d'une journée de campagne ; il ne fut pas longtemps à se mettre à notre diapason. Comme au volant ou à la balle, il était habile jouteur, et quand venait son tour, prêt à la riposte, il renvoyait habilement le trait à son interlocuteur et de francs rires, souvent, saluaient sa répartie.

Les Bourguignons ne sont pas gens à façons trop sévères, capables de se choquer d'un conte pour rire ; les dames n'en sont pas à quitter la table quand vient l'heure où le vin généreux fait naître la gauloiserie légère, aimable, toujours décente.

Delaunay ne fut pas le dernier à revenir, avec réserve, avec des réticences habiles, sur l'histoire de Villeneuve-la-Guyard. On sait que les conteurs sont exigeants ; on s'empressa de lui demander un nouveau récit de sa première campagne amoureuse.

Le conte des harengs eut un véritable succès.

L'auteur semblait s'offrir à une explosion de pitié pénible pour son amour propre ; mais sa revanche était toute prête, et quand il entend les dames s'écrier : pauvre monsieur ! il relève la tête, raidit le jarret, fait un geste qui signifie : j'étais bien jeune ;

ne me jugez pas sans m'entendre encore... et d'une voix où la modestie n'était qu'apparente, Delaunay nous fait le récit suivant : C'était au commencement d'octobre 188... j'avais le désir de revoir encore une fois Pau, Lourdes et Cauterets, que je n'avais pas visités depuis plus de trente ans.

On montait de Pierrefitte à Cauterets en diligence ; la saison était avancée ; il avait plu dans la vallée les jours précédents et neigé dans la montagne ; mais il faisait, ce jour-là, beau soleil, une température douce.

Je montai sur l'impériale de la voiture pour mieux voir et admirer. J'étais quatrième sur la banquette ; à ma gauche se trouvaient un monsieur d'une quarantaine d'années, sa femme et un jeune homme, le frère de celle-ci. Dans des élans d'admiration pour la belle nature, on ne tarde pas à échanger quelques paroles et je sus bientôt que mon voisin était notaire dans une petite ville de Belgique ; qu'il finissait, avec sa femme et son jeune beau-frère, un voyage de vacances devant se terminer, le lendemain, par une dernière excursion à Luz et à Saint-Sauveur.

Nous rencontrons sur la route quelques berlines ramenant à Pierrefitte des voyageurs attardés ; mais on ne montait plus vers la montagne et notre conducteur nous apprit qu'il ne restait qu'un seul hôtel ouvert à Cauterets.

Pour déjeuner, mon couvert fut mis à la même table que celui de mes trois compagnons de la diligence ; nous allions faire l'excursion du lac de Gaube. Habitués à la marche, nous convînmes bientôt que nous ferions l'ascension à pied, qu'on prendrait un mulet pour madame et un guide ; on pourrait déposer nos paletots à l'arrière de la selle.

Voilà la caravane partie. Le notaire était grand marcheur : le frère avait vingt ans ; ils ne tardèrent pas à prendre l'avance ou à se jeter fréquemment de côté pour admirer les différents aspects de la cascade, gonflée par les pluies dernières et par la neige que le soleil, depuis le matin, faisait fondre.

Jamais le gave de Marcadau, jamais la cascade du pont d'Espagne n'avaient été aussi splendides. Je suivais, rejoignant tantôt le mari, tantôt la femme ; mais, le plus souvent, je croyais convenable de ne pas abandonner celle-ci à la seule compagnie de son guide et d'entretenir avec elle la conversation habituelle entre gens qui ont pu, tour à tour, admirer la Yung-Fraü, Gavarni, Lantosque, la Vesubie, les gorges de la Chiffa. J'étais aimable avec Mme X... comme un homme de bonne société doit l'être ; mais sans oublier la réserve qui convenait à mon âge, à mes cheveux gris et la crainte du ridicule auquel s'expose un vieux galantin.

Je ne vous ai pas dit ce qu'était madame la notairesse : elle avait trente ans, de la fraîcheur, de beaux yeux, de la grâce, de la suavité; ce n'était pas une femme à attirer tous les regards, tous les hommages; mais pas un jeune et brillant cavalier n'eût hésité à faire avec elle un voyage à Cythère.

Elle conservait dans sa conversation une grande réserve, et, sans afficher une austérité ridicule, laissait comprendre que les principes sévères qu'elle avait reçus dans sa famille seraient toujours, au moment du danger, sa sauvegarde. J'avais remarqué qu'au déjeuner elle avait, sans affectation, mais sans fausse honte, dit son *Benedicite*, et fait ostensiblement le signe de croix.

La promenade se passa au mieux; on rentra bien fatigué, la face brûlée par le grand air, le froid, le chaud, la neige, et on dîna.

Mme X... ne manqua pas de dire, tout bas, ses petites prières, comme elle l'avait fait le matin.

En vrais Belges, ils mangeaient fort; j'eus fini mon repas bien avant eux, et comme la diligence qui nous redescendait à Pierrefitte était attelée; qu'il y avait de nombreux voyageurs, et qu'il ne fallait pas songer, à cause du froid, à monter sur l'impériale, je m'empressai d'aller m'installer au fond de l'omnibus pour prendre ma place et retenir celles de mes compagnons. Mme X... se mit en face de moi, tout au fond, son mari à côté d'elle, son frère à côté de moi. La voiture était pleine.

Toutes fenêtres étaient closes ; le jour tombait rapidement ; la chaleur, la fatigue, le travail de la digestion ne tardèrent pas à l'emporter sur le respect des convenances, et le sommeil, en vainqueur, bientôt, s'empara de tous les voyageurs.

Cependant, je ne dormais encore que d'un œil, lorsque je m'aperçus que le pied et la jambe gauche de Mme X..., se trouvant probablement trop à l'étroit entre ma jambe droite et la paroi de la voiture, s'appuyaient fortement de mon côté ; discrètement, je fis un mouvement à gauche et laissai libre le plus de place possible. Mais bientôt l'autre pied, l'autre jambe, accentuant un mouvement en sens contraire, établirent sur ma jambe gauche un frottement trop significatif pour qu'il me fût possible d'ignorer que la fatigue de la journée, les quatre heures de cheval, avaient, au plus haut degré, irrité le système nerveux de ma voisine ; qu'elle avait, comme on le dit vulgairement, des inquiétudes dans les jambes.

Compatissant aux souffrances d'une jeune femme, petit de taille, court de jambes, je me fis aussi mince

7.

que possible et reculai mes pieds, au plus loin, sous ma banquette.

Les inquiétudes de Mme X... n'en prirent que plus d'acuité, et ses pieds ne tardèrent pas à venir poursuivre les miens dans leur retraite ; ses mouvements ne trahissaient d'ailleurs aucune irritation, et quoique ses pieds ne fussent pas chaussés de satin, leur contact fréquent pouvait certainement passer pour une caresse.

Une caresse ! Je me refusai longtemps à le comprendre.

Je me reculais encore, toujours ; me faisant tout petit, me retirant à droite, puis à gauche, comme si ces attaques ne m'eussent causé que gêne et importunité.

A un dernier mouvement en arrière, ces premières escarmouches semblèrent tout à coup cesser... Je ne me trompais donc pas. C'était l'effet d'une irritation nerveuse et maladive. Il était impossible que les provocations de cette femme pussent s'adresser à un homme de mon âge, qui n'avait rien de la tournure et de la grâce de Don Juan !

Mais une autre pensée ne tarda pas à venir prendre place dans mon esprit, à y plaider la thèse contraire, à triompher de mes scrupules : pouvais-je laisser croire à une femme jeune, fraîche, jolie, que quiconque, fût-ce un vieillard, pouvait dédaigner les charmes de son pied mignon, rester insensible à ses politesses ? C'était pour moi comme un remords. Il s'y mêlait peut-être un peu de vanité sénile...

Si elle allait croire que je n'étais plus qu'un vieux bonhomme !

Je venais de prouver longuement ma réserve et ma délicatesse...

Si j'avançais, si j'attaquais à mon tour, on ne pouvait me faire aucun reproche ; le mouvement de la voiture, d'ailleurs, excusait tout...

Je voulus hasarder une timide reconnaissance... prudemment, sagement, tout prêt à me replier, à battre en retraite.

Je laissai glisser mon pied jusqu'à la rencontre du pied de ma voisine. Le pied de ma voisine supporta bravement l'attaque ; il était prêt à la riposte ; il s'appuya énergiquement.

Un cahot vint à point pour lever tous mes doutes ; un ruisseau profond imprima vivement à la voiture un double mouvement de tangage et de roulis, qui poussa non plus seulement mon pied, mais ma jambe et mon genou contre la jambe et le genou de Mme X... ; jambe et genou résistèrent à ma pression, et lorsque la machine roulante eut repris son centre de gravité, le mouvement de Mme X... s'accentua vigoureusement en sens contraire. Etait-ce un repoussement indigné, une plainte, une menace ? Non ! C'était une pression continue, agitée, frémissante ; il n'y avait plus à s'y tromper ; c'était une provocation.

Ma jambe gauche ne tarda pas à soutenir l'attaque de la droite et à enserrer des deux côtés le pied de Mme X...

Combien j'eusse désiré alors pouvoir caresser amoureusement mon prisonnier ! Mais de grosses bottines de chasse ne sont pas faites pour presser un pied mignon. Force me fut de monter plus haut mes étreintes ; j'attirai doucement une jambe et un genou qui avancèrent vers moi sans résistance, et dès ce moment jusqu'à l'arrivée, ce ne fut plus qu'une succession ininterrompue d'étreintes passionnées, de pressions suppliantes, de caresses aussitôt rendues que données, auxquelles, d'ailleurs, les mains n'osèrent prendre part, auxquelles les masques des visages semblèrent rester complètement indifférents, lorsque la lumière incertaine de la lampe venait éclairer l'intérieur de la voiture.

Douce excitation des sens, préludes enivrants des jouissances de l'amour, que ne fûtes-vous de plus longue durée ! Pourquoi le voyage de Cauterets à Pierrefitte fut-il si court !

Ce fut court, mais j'eus le temps de faire de singulières réflexions sur la fragilité humaine.

Cette femme, me disais-je, est une honnête femme ; elle n'eût eu ce matin que dédain et mépris pour cet homme, s'il eut osé lui dire ses ardeurs, ses désirs.

Lui, il craignait le ridicule de propos trop galants, et le voilà hors de raison, haletant comme un chien, tirant la langue... Il passe pour un homme raisonnable ; que feraient donc les autres ?

Je fis toutes ces réflexions ; mais il est inutile de dire qu'elles n'avaient aucune influence sur mon désir impérieux de pousser plus avant l'aventure, certain que Mme X... était résolue à faire la moitié du chemin.

Nous sommes à Pierrefitte... tout le monde descend.

Nous devions nous séparer là ; je rentrais le soir à Lourdes pour me diriger, dès le lendemain vers Tarbes et Toulouse, et mes compagnons d'un jour couchaient à Pierrefitte, pour leur excursion vers Luz et Saint-Sauveur.

— Quel supplice on endure dans ces voitures, s'écrie Mme X... en sautant à terre ! Est-il permis de vous mettre douze dans une boîte trop étroite pour huit ? J'ai dû bien gêner, monsieur, continua-t-elle en s'adressant à son mari.

— Pas du tout, madame, m'empressai-je de répondre, et j'avouerai, dussé-je passer pour un sauvage, que j'ai dormi tout le temps. Je suis tellement fatigué, que j'abandonnerais volontiers mon projet de retour à Lourdes ce soir et coucherais à Pierrefitte, si j'étais sûr d'y trouver une chambre. Vous avez retenu les vôtres ?

— Précaution inutile à cette époque, répondit le notaire, voici notre hôtelier qui vient nous chercher; il vous dira qu'il a dix chambres à vous offrir.

Celui-ci s'empressa de me promettre, en effet, que je n'aurais pas à me plaindre, et une pression de main, dans l'ombre, m'affirma qu'on saurait donner raison à la promesse de l'hôtelier.

Le notaire et sa femme avaient, à l'extrémité d'un long corridor, une grande chambre à deux lits; le frère, une chambre à côté de la leur. La mienne était à l'autre extrémité du même corridor. On passait devant ma porte pour gagner le *buen-retiro* de l'hôtel. Ce fut d'abord le mari qui fit retentir le corridor de son pas pesant et de sa grosse toux d'homme gras. Puis ce fut le tour du frère; puis, enfin, ce fut un pas de biche effarée, qui, à l'aller et au retour, fit une pause légère pour s'assurer que la clé était dans la serrure et que la lumière n'était pas éteinte.

Il était onze heures. Une demi-heure après, toute la maison était plongée dans le plus profond silence. J'écoutais ; je ne l'entendis pas venir. La porte s'ouvrit et Mme X..., éteignant à la fois ma bougie et la sienne, se précipita sur mon lit.

Je voulais parler, lui dire ma reconnaissance, mon bonheur... Une main se plaça sur ma bouche, m'imposant le silence... Parler? pour dire quoi? Est-ce qu'il va trouver des excuses à ma démarche? me disait cette main...

Et son corps s'enroula... *Supposuit dextrum corpus mihi lævo*, a dit Horace... et pendant deux heures, sans parler, sans mot dire, ce fut une suite ininterrompue de caresses brûlantes, d'assouvissements, de désirs sans cesse renaissants. Elle était digne d'un plus vaillant... le vieux fit de son mieux. Je voulais la retenir jusqu'à l'aube ; mais elle savait la durée du premier sommeil de son mari. Elle partit.

Le matin, le notaire et son frère furent debout les premiers et tous deux vinrent me chercher pour m'emmener à Luz et à Saint-Sauveur. J'allais céder ; mais en prenant, dans la salle à manger de l'hôtel, mon premier déjeuner du matin, je trouvai Mme X... tellement froide, tellement réservée, que j'hésitais. Elle parvint à me dire : N'acceptez pas... partez...

je le veux... Et nous nous séparâmes, Mme X... et moi, sans nous dire : au revoir...

Ces bonheurs-là n'ont pas de lendemain.

Six mois plus tard, je rencontrais à Paris mon compagnon de voyage de Cauterets ; après les premiers compliments d'usage :

— Et madame, lui dis-je, sa santé ?

— Ma femme, me répondit-il, elle se porte à merveille... Il faut que je vous fasse part de l'heureuse nouvelle ; elle est enceinte... Il y a onze ans que nous sommes mariés, nous n'avions jamais eu d'enfant ; sa grossesse est une joie inespérée pour toute la famille. C'est fort étrange ; mais je puis vous dire ça, à vous, vous êtes un homme sérieux... à votre âge...

Vous vous rappelez notre rencontre à Cauterets, notre excursion au lac de Gaube ; ma femme était à mulet...

Eh bien ! il paraît que c'est le mulet... notre médecin m'a expliqué ça...

Ma femme était d'un tempérament lymphatique ; d'une indifférence désespérante pour les témoignages de ma plus vive affection... Cette nuit-là, après cette promenade, elle avait changé du tout au tout.

Nous étions éreintés, au retour ; vous vous le rappelez; nous dormions dans la voiture... Je comptais bien ne faire qu'un somme jusqu'au matin. Ah! bien oui! A peine m'a-t-elle laissé quelques heures de sommeil... de trois heures du matin jusqu'au jour... je puis bien vous dire ça, à vous; vous êtes un homme sérieux... Et il ajouta quelques mots, si bas, si bas, que je croirais inconvenant de les répéter.

Puis, continuant : c'était l'effet du mulet, paraît-il...

Deux mois plus tard, la voyant souffrante, j'appelle le docteur; il constate sans hésitation la grossesse; je lui raconte tout; c'est lui qui a mis ma femme au monde.

Ce changement subit dans son tempérament ne l'a pas étonné.

Rien n'est plus simple, m'a-t-il expliqué; ce mouvement du mulet... ce frottement incessant sur la selle... qui se prolonge pendant plusieurs heures... vous comprenez? C'est le mulet, m'a dit le docteur, c'est le mulet qui a tout fait.

Le mulet et la Providence, ai-je répondu sans rire, en prenant congé.

Un billet m'apprit, trois mois après, la naissance du jeune Dieudonné Cornembois. La mère et l'enfant se portent bien.

Les dames, pour cacher un moment d'embarras,

se hâtèrent de lever la séance. Nous nous reconduisîmes les uns les autres à nos domiciles. De Prével et Delaunay nous ramenèrent à notre hôtel, à une heure du matin, par un clair de lune magnifique, et nous nous donnâmes rendez-vous pour le lendemain midi.

Le samedi, nous pûmes voir rapidement ce qui nous restait à voir; le dimanche matin, de bonne heure, nous prenions la route de Nuits.

Dimanche 16 juin, de Dijon à Nuits (22 kilomètres).

Nuits, hôtel de l'Ecu de France.

Sur le point de quitter Dijon, de suivre jusqu'à Nuits, Beaune et Santenay, le pied du versant Sud-Est des monts de la Côte-d'Or, il était bon d'avoir quelques notions sur la situation des grands crus de Bourgogne, sur les divers modes de culture de la vigne; ne fut-ce que pour comprendre, sans afficher une naïveté trop grande, les explications que, chemin faisant, nous allions recueillir, et la signification de deux mots que nous allions entendre prononcer cent fois : Pinot, Gamay.

Il était temps de parcourir, à la hâte, les ouvrages que le commandant de Prével avait mis à notre disposition.

Ce sont ces lectures ; ce sont les explications que, pendant trois jours de route, d'aimables viticulteurs ont bien voulu nous donner, que nous résumons ici en quelques lignes.

Partout retentit ce cri d'alarme : les grands crus s'en vont ; l'esprit mercantile triomphe ; la quantité absorbe la qualité. Douze cents ans de bonne renommée n'arrêteront pas les efforts d'une civilisation désastreuse, le besoin de faire produire à la terre tout ce qu'elle peut donner.

En deux mots : le Gamay l'emporte sur le Pinot.

Du temps des moines de Citeaux, les vins des grands clos n'étaient pas faits pour les vilains.

Seuls, les abbés de haut parage, les princes et les rois pouvaient y prétendre.

Après la mort de Charles le Téméraire, en 1477, le roi Louis XI écrivait au sire de Craon, qui venait d'entrer dans Dijon à la tête des troupes du roi : « Quant aux vins qui sont dans les celliers du feu « duc, je suis content que vous les ayez » ; et si nous ajoutons que Louis XI ne faisait ce cadeau princier au sire de Craon que parce qu'il savait que son féal serviteur, déjà, s'en était emparé, on comprendra quel prix on attachait, à cette époque, au produit des grands crus de Bourgogne.

Louis XIV, malade, en 1680, but, par ordonnance

de ses médecins, du vin de Bourgogne et recouvra la santé. Fut-ce du Nuits ? fut-ce du Beaune ?

Aujourd'hui, avec le progrès des mœurs démocratiques, il n'est plus petit bourgeois, cocher de place, ouvrier des halles, qui ne tienne, soit pour recouvrer la santé, soit même pour la perdre, avec la raison, à déguster de temps à autre une bouteille de Bourgogne-première, Beaune ou Nuits..... comme Louis XIV.

On comprend que les grands crus n'y pouvaient plus suffire.

Pour remédier à la disette, pour satisfaire à la demande, force fut de sacrifier la qualité à la quantité.

Le Gamay était le plant des bas fonds ; il produisait moins bon, mais plus. Le Pinot était le plant de qualité supérieure, produisant bon, mais moins.

On arracha le Pinot pour planter du Gamay. On ne conserva le Pinot que dans les terroirs les plus renommés ; et le commerce put livrer au consommateur, pour bonne qualité, le produit du Gamay, *la honte de la Bourgogne*, disent les viticulteurs, en petit nombre, qui sont restés producteurs sans devenir marchands.

La Côte-d'Or, de Dijon à Santenay, sur une longueur de cinquante kilomètres, a 26,500 hectares de vignes : 2,500 hectares en Pinot, 24,000 hectares en Gamay. Or, comme le Pinot produit en moyenne dix-huit hectolitres à l'hectare et le Gamay soixante hectolitres, la production donne, année moyenne, 45,000 hectolitres de bon vin et un million et demi d'hectolitres de vin commun.

Le commerce se contente-t-il de vendre du Gamay pour du Pinot ? On serait tenté de croire le contraire, vu le nombre toujours croissant des ouvriers des halles, cochers de fiacre et petits bourgeois qui prétendent déguster une bouteille de Bourgogne-première.

Mais, par une culture modifiée, par une fumure plus intense, objectera-t-on, ne peut-on obtenir la quantité en conservant la qualité ?

Erreur ! on ne fume pas le Pinot !

Quand on donne à la vigne du fumier d'étable, de l'azote, on augmente en effet la quantité ; on détruit la qualité ; de même que, quand on cherche à tirer parti du terrain en plantant dans les raies des asperges, des radis ou des choux, on tire argent de ses légumes, c'est vrai ; mais on fait produire à des plants de Bourgogne des raisins d'Argenteuil. Une bonne vigne doit être soigneusement sarclée, nettoyée, enrichie des seuls détritus provenant d'elle et des arbres qui la surmontent. Un sol calcaire siliceux, bien construit, bien divisé, bien exposé au Sud ou à l'Est, doit être couronné de bois, châtaigniers ou chênes, dont la feuille forme engrais, dont le tannin pénètre par infiltration lente ; jamais d'engrais azoté.

Dans un même terroir, la perfection tient le plus souvent à l'ancienneté de la plantation. Celle du clos de Bèze remonte à douze siècles. Les moines le cultivaient en l'an 630, et les procédés de culture n'ont jamais varié.

Dijon n'a plus de Pinot; Chenôve, le clos du *Roi* excepté, Marsannay, Couchez, Fixey sont envahis par le Gamay ; à Brochon, on trouve encore le clos *Crébillon*, dont les vins sont de première cuvée ; à Fixin, le clos de la *Perrière*, dont les produits égalent le *Champbertin*.

A Gevrey commence la célèbre côte de Nuits, cette première haute fraction de la Côte-d'Or, comme la côte de Beaune en est la seconde.

Gevrey a 400 hectares de vigne, dont moitié en Pinot. Champbertin et clos de Bèze sont tête de cuvée de Gevrey.

Corps, bouquet, couleur, finesse, le Champbertin a tout, dit M. Lavalle (*Histoire des grands vins de la Côte-d'Or*), il va de pair avec la *Romanée* et le *Clos-Vougeot*.

A Morey, le clos de Tart rivalise avec les plus célèbres.

Chambolle a les Musigny pour tête de cuvée.

Vougeot a son clos de cent arpents créé au XIIe siècle par les moines de Citeaux.

Les terriers les plus célèbres se suivent et se touchent : Gilly, Flagey, les Echeseaux et Vosne.

Vosne, si célèbre par les climats de la *Romanée*, *Richebourg*, la *Romanée-Saint-Vivant*, la *Tache*, la *Romanée-Conti* et enfin Nuits qui a donné son nom à cette première partie de la Côte-d'Or, Nuits avec ses 240 hectares de Pinot, et qui pourrait citer outre ses climats de *Saint-Georges*, des *Vaucrains*, de *Prullier*, des *Cailles*, plus de vingt autres encore dignes de prendre place dans les premiers rangs.

Plus loin, Aloxe commence la côte de Beaune, brillamment, dirons-nous, car c'est là que se trouvent les clos du *Roi-Corton*, des *Renardes-Corton*, des *Chaumes*, de *Charlemagne*, donnant les vins qui contiennent le plus de tannin, dit encore M. Lavalle, et voyagent le mieux.

Viennent ensuite Pernaut qui rivalise avec le Corton, Savigny et le vignoble de Beaune avec ses 1,000 hectares, dont 500 en Pinot ; les *Fèves*, les *Grèves*, les *Champs-Pimont*.

Il nous reste encore à citer Pomard qui a 330 hectares de Pinot; *Volnay qui se laisse envahir de plus en plus par le Gamay*, mais qui a encore 215 hectares de bon plant; *Monthélie, Auxey, Meursault*, dont les vins blancs rivalisent avec le Montrachet.

Santenay; et pour finir, *Chassagne* et *Puligny* qui se partagent l'honneur de produire le Montrachet.

La Bourgogne, dit Lausseure, ne craint pas de rivalité : elle produit en noir la Romanée-Conti, en blanc le Montrachet !

Nous descendîmes voir à Chenôve, au clos du Roi, un superbe pressoir édifié, sur les ordres d'Alix de Vergy, veuve de Eudes III, vers 1238.

A Fixin, nous mîmes une seconde fois pied à terre pour aller visiter le monument que M. Noisot, un ancien officier de la garde impériale, et Rude, le sculpteur, ont élevé à la mémoire de Napoléon.

Rude a représenté l'empereur au moment où il s'éveille à l'immortalité.

Nous revînmes par un sentier boisé qui nous fit traverser la Combe-de-Fixin et le manoir de la Perrière.

Peu de temps après, nous arrivions à Gevrey; nous visitions le clos de Bèze, aux cépées de douze siècles, et nous dégustions à déjeuner une demi-bouteille de Chambertin d'âge respectable.

« Autrefois, disait Millin, nous nous serions dé-

« tournés de notre route pour aller voir la célèbre
« abbaye de Cîteaux, fondée en 1098 par saint Ro-
« bert, réglée trente ans après par saint Bernard,
« dont l'abbé était supérieur général de tout l'ordre
« et ne dépendait immédiatement que du pape.

« On y conservait les tombeaux de tous les ducs
« de Bourgogne de la première race. Ces monu-
« ments et l'église même ont aujourd'hui disparu. »

Nous avons déjà vu que la Bourgogne peut se reprocher plus d'une funeste dévastation de ce genre.

De Nuits à Beaune (16 kilomètres).

Beaune, hôtel du Chevreuil.

Dès huit heures du matin, nous arrivions à Beaune.

Beaune est un chef-lieu d'arrondissement de onze mille habitants qui fit retour à la couronne à la mort de Charles le Téméraire.

La journée tout entière ne nous sera pas trop longue pour visiter son église Notre-Dame, son hôpital, ses maisons renaissance, son beffroi, ses promenades.

Bâtie sur le modèle de la cathédrale d'Autun, Notre-Dame de Beaune est restée plus complète que son modèle, a dit l'architecte Viollet-le-Duc.

8.

Nous la visitons dans tous ses détails, en suivant pas à pas la description très complète donnée par le *Guide Joanne*.

Quant à l'hôpital, *qui ressemble plutôt à un château royal qu'au logis des pauvres, il est de si charmant aspect qu'il donnerait envie de tomber malade à Beaune*, a dit encore M. Viollet-le-Duc.

Il a été fondé, en 1443, par Nicolas Rolin, chancelier de Bourgogne, dont les exactions furent si cruelles qu'elles auraient pu justifier un mot que les historiens prêtent à Louis XI : *il est très juste*, aurait dit le roi, visitant l'hôpital de Beaune, *que celui qui a fait tant de malheureux dans sa vie leur donne un asile après sa mort...* Les historiens sont prodigues envers les puissants de la terre.

Nous accueillons avec le plus grand soin toutes les explications qui nous sont données par le cicerone concierge. Aucune des merveilles de ce monument ne nous échappe, non plus que les beautés du tableau de Van Eyck, et nous pouvons constater que, si les fondations pieuses de cette époque ont souvent pour but de racheter les fautes de leurs auteurs, la conscience du chancelier Rolin dût être bourrelée de remords, et admirable la conduite de sa femme Guigone de Salins, dans ses efforts pour sauver l'âme de son mari de la damnation éternelle ; car c'est elle qui acheva l'œuvre.

Nous ne dédaignâmes pas d'aller voir au musée les cheveux de Jean-Sans-Peur.

A quoi sert de douter ?

Il nous reste encore du temps pour rechercher les traces du voyage d'Alexis Piron, de sa guerre avec les gens de Beaune, de songer à ces épigrammes, à ces mystifications qui firent la joie de nos aïeux ; cependant, il faut l'avouer, Piron est plus célèbre par celles de ses œuvres qu'on ne saurait lire que par celles qu'on lit.

Dans ce temps-là, alors qu'à un petit nombre de roués était encore réservé le privilège de rosser le guet, quelques bons mots, quelques petits vers bien tournés faisaient la réputation d'un bel esprit et permettaient de prétendre à l'immortalité.

Piron a profité du moment ; son bagage est assez mince, la *Métromanie* et quelques épigrammes ; mais il eut le talent de mettre les rieurs de son côté, quand il disait : ils sont là-dedans quarante qui ont de l'esprit comme quatre.

Il a son buste à Dijon et au foyer du Théâtre français.

En gens d'esprit, les Beaunois ne lui ont pas tenu rigueur.

Piron, dans la bibliothèque de la ville, y a ses

œuvres complètes, y compris l'*Ode à Priape* et le *Voyage à Beaune*.

De Beaune à Nolay et de Nolay à Epinac
(26 kilomètres).

Nolay, hôtel Sainte-Marie.   Epinac, hôtel des Mines.

Nous sortons par le faubourg Bretonnière ; à quelques kilomètres, nous rencontrons Pomard et Volnay, deux noms chers aux gourmets !

A droite, voici Monthélie, à gauche, Meursault ; la route s'engage dans une étroite vallée ; nous mettons pied à terre pour aller voir les ruines du château de Rochepot : « Ci demorrera messire Phi-
« lippe Pot, seigneur de la Roche-Nolay, etc. Grand
« sénéchal de Bourgogne, qui fut norri en l'ostel de
« monseigneur Philippe-le-Bon, duc de Bourgogne.
« lequel le fit chevalier, parrain d'icelui, etc... »
Ainsi était écrit sur la frise du tombeau de Philippe Pot, inhumé en l'abbaye de Citeaux en 1494, transporté à Dijon en 1791, et de là, il y a quelques mois à peine, par suite de compromissions plus ou moins avouables, à Paris, au Louvre, où l'on peut voir le Grand-Sénéchal, armé de pied en cape, couché sur une pierre, soutenue par huit pleureux portant chacun au bras un écusson de ses alliances.

Du sommet de la montagne, la vue s'étend jusqu'à Santenay, un cru de bon ordre, la plaine de Chagny et le Jura.

Un peu plus loin, nous faisons une seconde halte pour descendre dans le vallon de Vaux-Chignon, ou de la Tournée, auquel Alexandre Dumas, dans ses *impressions de voyage, a consacré une page.*

Dumas est un maître conteur : « Dans une de ces « grandes plaines de Bourgogne, dit-il, où nul acci- « dent de terrain n'empêche la vue de s'étendre, le « sol se fend tout à coup, laissant apercevoir à deux « cents pieds de profondeur, une vallée délicieuse, « verte comme l'émeraude... la vallée de la Cu- « zanne, etc... » Or, nous sommes en pleine chaîne de la Côte-d'Or, avec des altitudes qui varient brusquement de trois à six cents mètres ; mais, pour n'être pas une fente au milieu d'une vaste plaine, l'étroite vallée de la Cuzanne n'en est pas moins remarquable ; elle mérite sa réputation.

Voilà Nolay, un chef-lieu de canton, aux vins blancs renommés, patrie de Carnot ; nous irons saluer sa statue.

Nous déjeunerons à Nolay. La voiture nous conduira ensuite jusqu'à la Drée où nous mettrons pied à terre pour aller visiter le prieuré du Val-Saint-Benoit. Nous gagnerons Epinac en nous promenant.

On nous sert à l'hôtel Sainte-Marie un très bon déjeuner arrosé d'un petit Santenay qui, sans de hautes prétentions, rappelle par son bouquet les meilleurs crus.

Notre *hôtelier* voudrait que nous allassions voir le puits de Saint-Pierre, où l'usine du Creusot vient chercher son minerai. Mais il faut se borner ; Autun nous retiendra peut-être plus d'un jour.

La route quitte la Côte-d'Or pour entrer dans Saône-et-Loire en décrivant de nombreuses courbes.

Voilà Saizy dans la vallée de la Nielle. Nous sommes arrivés à la Drée ; nous quittons la voiture. Joseph va gagner son gîte à Epinac, à l'hôtel des Mines.

Le prieuré du Val-Saint-Benoit, à vrai dire, n'existe plus. Il a été remplacé par une ferme ; mais l'église est assez bien conservée. De salutaires influences l'ont fait classer parmi les monuments historiques.

Le prieuré avait été fondé au XIII° siècle par les libéralités de Gauthier, seigneur de Sully. On voit, près du sanctuaire, un bas-relief représentant les funérailles de Gauthier de Sully. Une porte latérale d'une chapelle parallèle à la nef est un chef-d'œuvre de sculpture.

Ajoutons que le prieuré du Val-Saint-Benoit est situé dans une combe des plus pittoresques, entourée de hautes collines boisées et qu'on y arrive par une route facile et verdoyante.

Nous suivons, pour le retour, un chemin gazonné qui nous mène à Veuvrotte ; mais avant de rentrer à Epinac, nous irons visiter le château de Sully, propriété du maréchal de Mac-Mahon, qui, dit-on, y serait né en 1808.

Ses quatre corps de logis, flanqués de quatre tours carrées, laissent dans leur milieu une vaste cour, « la plus belle cour de château qui se puisse voir, « dit Bussy-Rabutin à Mme de Sévigné, dans une « lettre de 1678. »

Le château date de la fin du XVIe siècle. Il a été bâti sur l'emplacement de l'ancien château de Gauthier de Sully et réparé avec luxe par le maréchal.

Epinac a aussi son vieux château, monument historique, dont les deux tours sont plus anciennes que celles de Sully.

Epinac est un chef-lieu de canton de 4,600 habitants, qui a une verrerie importante, des mines de houille occupant plus de sept cents ouvriers qu'un chemin de fer met en communication avec le canal de Bourgogne à Pont-d'Ouche.

D'Epinac à Autun (*18 kilomètres*).

Autun, hôtel de la Poste.

Le lendemain, en moins de deux heures, nous descendons D'Epinac à Autun sans que ruines, château, village ou église nous arrêtent ; mais la nature pittoresque du pays mérite toute notre admiration.

Quand nous arrivons en face du village de Curgy, à un sommet de la route qui atteint une altitude de près de 400 mètres, nous découvrons Autun, développant au-dessous de nous ses antiques murailles dans une vaste plaine traversée par l'Arroux, qui, après avoir baigné, sur le flanc ouest d'Autun, les faubourgs d'Arroux et de Saint-Andoche, porte ses eaux jusqu'à la Loire, à Digoin.

Autun est dominé, au Sud, par les plateaux de la forêt de Planoise, dont les sommets atteignent une altitude moyenne de six cents mètres ; des trois autres côtés, la plaine s'étend, sur un rayon de seize kilomètres, jusqu'aux monts du Morvan s'élevant jusqu'à huit et neuf cents mètres. C'est ainsi que nous pouvons découvrir, au Sud-Ouest, en avant de la forêt de Châtillon, le plateau du Beuvray à 810 mètres, la chaîne du Grand-Montarmé à 847 mètres, le mont Saint-Prix à 902 mètres.

En remontant un peu vers le Nord-Ouest, la forêt de Selle et de Glaine nous cache Château-Chinon ; les forêts d'Anost, de Patay, de Lucenay masquent à nos regards Montsauche et Saulieu, et plus loin, vers le Nord, Avallon.

Nous sommes sur le flanc sud du massif du Morvan, dans la partie qui se soude à la chaine des monts de la Côte-d'Or, dans une contrée qui mériterait de nous retenir plus longtemps, car elle a des mouvements de terrain d'une variété infinie, des forêts, des prairies, des cascades, des sommets élevés, des vallées profondes, des lacs, des entonnoirs sans fond, comme les gourds d'Auvergne.

La ville d'Autun est peu visitée ; à tous les points de vue cependant, elle mérite de l'être, pittoresque, archéologique, historique et même préhistorique, pourrait-on dire, car des doutes insondables pèsent sur la grave question de savoir si Autun est la grande forteresse gauloise, la Bibracte des *Commentaires de César*.

Autun présente tout d'abord l'image d'une grandeur déchue. La ville romaine avait plus de huit kilomètres de circuit ; la ville moderne occupe, dans cette vaste enceinte de murailles en ruines, le tiers à peine de l'espace trop vaste encore pour sa population, dont le chiffre ne dépasse pas douze mille âmes.

L'aspect de la ville est triste, les ruines de ses monuments d'un autre âge font rêver au passé.

Même, sous les ardeurs du soleil du midi, les ruines des amphithéâtres de Nîmes, d'Arles, d'Orange portent l'âme à la méditation. Dans les brumes du Morvan, ces murailles écroulées, ces portes monumentales élevées pour perpétuer le souvenir des triomphes d'un peuple, lui-même disparu, ces amas de terres recouvrant des gradins qui appartinrent à un théâtre romain, ces pierres, ces marbres déposés çà et là, dans les promenades, commandent le silence ; il semble que l'on doive une prière à ces morts !

Il faudrait un volume pour décrire Autun et discuter la thèse relative à Bibracte. Nous nous contenterons de dire qu'au sommet de Beuvray, sur une plate-forme comprise entre deux mamelons, à plus de 800 mètres d'altitude, on fait, depuis plusieurs années, des fouilles intéressantes pour acquérir la preuve que l'oppidum, dont on retrouve non seulement des traces, mais des ruines qui permettent de reconstituer la ville tout entière, fut, contrairement aux prétentions des Autunois, *Bibracte*, la forteresse gauloise, destinée, comme Gergovia, comme Alésia, à protéger les défenseurs du sol.

Autun n'aurait fait que recueillir les survivants, les échappés de Bibracte.

Pour apprécier les moyens d'attaque et de défense, pour combattre l'opinion émise par l'abbé Courtépée, qui, dès 1774, tranche la question en faveur d'Autun contre le Beuvray, nous renverrons le lecteur aux *Dissertations* de Danville et de Balliot et au résumé qui en a été fait par Ad. Joanne dans son *Guide Morvan-Auvergne*.

Autun ravagée par les Sarrasins, par les Normands, par les Anglais, dévastée, incendiée, suivit la destinée des villes du duché de Bourgogne, réunie définitivement au domaine royal par Louis XI.

Après la guerre de Cent-Ans, deux bourgs furent reconstruits, l'un vers le sommet de la colline autour de la cathédrale ; l'autre, plus bas, près de l'Arroux. François Ier réunit les deux parties de la ville en les enfermant dans une même muraille, qui laissa en dehors bien des ruines qu'englobait autrefois la muraille romaine.

Le 30 septembre 1870, Autun repoussa l'attaque d'un corps prussien qui dut se retirer.

Autun se fait gloire de la naissance du président Jeannin qui partagea, avec Sully, la confiance d'Henri IV, et, parmi les contemporains, elle revendique le général Changarnier et aussi le maréchal de

Mac-Mahon. Mais que deviennent alors les prétentions de Sully sous Epinac?

Les portes monumentales d'Arroux et de Saint-André sont de remarquables spécimens de l'architecture romaine. M. Viollet-le-Duc, qui a restauré la porte Saint-André en 1847, lui accorde une supériorité sur celle d'Orange.

Le théâtre romain est un vaste amas de décombres qui a conservé à peu près sa forme primitive.

Quant à l'amphithâtre, on affirme que la longueur de son axe est de 157 mètres, mais c'est tout.

La tour de Minerve est encastrée dans les constructions du couvent Saint-André ; on montre, comme la tour d'Apollon, un pan de mur dans la cour d'une maison, en face de la promenade des Marbres.

La cathédrale Saint-Lazare, les autres églises, l'évêché, le grand séminaire, les bâtiments de l'hôpital Saint-Antoine créé par le président Jeannin, le petit séminaire, voire même la fontaine Saint-Lazare, perdent une grande partie de leur intérêt pour le touriste, dont l'attention a été absorbée par les antiquités romaines. Nous entrons cependant revoir dans la cathédrale une des œuvres les plus remarquables d'Ingres, le *Martyre de Saint-Symphorien*.

que nous avions admiré à Paris lors de l'exposition des œuvres du maître, que d'autres peuvent même se rappeler avoir vu exposé au salon du Louvre en 1834 ou 1835.

Le musée de peinture n'offre rien de bien remarquable. On montre, au musée Jovet, quelques pierres qui auraient appartenu au tombeau de la reine Brunehaut.

Nous traversons la promenade du Champ-de-Mars; c'est là que se tiennent, en septembre, les foires d'Autun. Est-ce là qu'on vend les chevaux du Morvan, de bonnes bêtes au front large, de caractère un peu indiscipliné, mais dures à la fatigue ?

Si nos purs sang nous avaient laissés en route, c'est au Morvan, que j'aurais voulu demander leurs successeurs.

C'est à propos des ruines romaines d'Autun que Millin, dans son voyage en Bourgogne, en 1807, émettait le vœu que le Gouvernement accordât sa protection tutélaire aux monuments que l'art ou l'histoire auraient intérêt à conserver; les sauvât de la dégradation des hommes, de la ruine du temps.

Plus tard, on donnait satisfaction au vœu du savant académicien; on instituait la commission des bâtiments historiques. Etait-il possible de prévoir, alors, que la France, épuisée par des dépenses stériles, par le gaspillage éhonté des deniers publics, manquerait d'argent pour arracher à la ruine ses monuments les plus précieux, pour entretenir et réparer Versailles?

D'Autun au Creuzot (29 kilomètres).

Le Creuzot, hôtel Rodrigue.

Le lendemain, dès le matin, nous quittons Autun; nous allons au Creuzot.

J'avais pris le soin d'avoir une lettre de recommandation pour un des inspecteurs de l'usine. L'usine est d'ailleurs ouverte au public ; il suffit de s'adresser au concierge.

Visiter le Creuzot, sans être un peu initié aux progrès de l'industrie moderne, c'est entrer dans un pays dont on ignore complètement la langue. J'étais dans ce cas, je l'avoue ; il y a plus : la vue, le bruit de ces monstres en mouvement, de ces fournaises, de ces métaux en ébullition, de ces mille courroies qui passent, se croisent, serpentent, reviennent encore, m'inquiètent et m'effraient. J'ai une femme à défendre ; ses vêtements flottants sont un danger... cependant il faut voir... je mettrai Madame Louise sous la protection de mon inspecteur.

Nous avions pu, la veille, lire une notice fort intéressante sur l'usine du Creuzot.

Nous y renverrons le lecteur.

Un chemin de fer relie le Creuzot au canal du Centre, lequel débouche dans la Saône à Chalon; dans la Loire, à Digoin.

Sur les 23,000 habitants du Creuzot, 13,000 sont employés à l'usine. Nous sortions des ateliers, nous quittions l'usine, étourdis de tout ce bruit, fatigués de ce mouvement, écrasés d'admiration, pourrait-on dire; mais fiers des efforts dont est capable l'intelligence humaine et nous nous rappelions les sentiments d'humiliation que nous avions éprouvés, à la sortie d'une séance de la chambre de nos représentants... que de vaines paroles... que d'efforts inutiles... que de bruit pour rien! là, luttes de pygmées; ici, travaux de géants !

Du Creuzot à Chalon-sur-Saône (40 kilomètres).

A Chalon, hôtel du Chevreuil.

En peu de temps nous gagnons Montchanin-les-Mines. La commune de Montchanin comme celle du Creuzot, doit l'importance qu'elle a acquise, depuis peu d'années, aux établissements industriels qui s'y sont fondés. Mines de houille, fonderie de fer, scierie, tuileries et briqueteries ont pris une grande importance et ont rassemblé à Montchanin un groupe de près de 4,000 habitants.

Nous traversons le canal du Centre, regagnons par Saint-Laurent, la route de Digoin à Chalon, et, sans arrêt ni repos, nous arrivons au but de notre longue étape avant l'heure du déjeuner. Nous entrons à Chalon par le faubourg de Saint-Remy en traversant les deux lignes de Paris-Lyon et de Chalon à Bourg, nous gagnons le centre de la ville et l'hôtel du Chevreuil.

Nous employons la journée à visiter la ville, comme des voyageurs un peu fatigués par une longue route. Chalon est d'ailleurs facile à voir ; le quai de Saône est la grande attraction. C'est un chef-lieu d'arrondissement qui n'a pas moins de 20,000 âmes, s'élevant sur la rive droite de la Saône, à l'embouchure du canal du Centre. Des bateaux à vapeur la mettent en communication avec toutes les rives de la Saône et du Rhône. Traversée par le chemin de fer de Paris à Lyon, d'autres lignes secondaires la mettent en communication directe avec Bourg, avec Lons-le-Saulnier par Louhans ; avec Besançon par Dôle.

Chalon est devenue une grande ville de commerce et d'industrie ; elle a dû, à sa situation, son importance dans le passé ; elle fut un centre important pendant la domination romaine. Elle eut son histoire du temps des rois bourguignons, le sort du duché de Bourgogne après Charles le Téméraire, et sa gloire en 1815, quand Napoléon pour honorer sa résistance aux armées alliées, l'autorisa à joindre à ses armes, la croix de la Légion d'honneur.

L'ancienne cathédrale, dédiée à saint Vincent (l'évêché de Chalon est réuni à celui d'Autun) offre plusieurs parties intéressantes.

Nous profitons des dernières heures du jour pour faire une promenade sur la Saône par un bateau à vapeur qui nous remonte jusqu'à Verdun-sur-Doubs, au confluent du Doubs dans la Saône et nous ramène, presqu'aussitôt après, souper à Chalon.

Le lendemain, dimanche, jour de repos, pour nos chevaux, nous prenons, dès le matin, un bateau qui descend à Macon et à Lyon et nous dépose à Tournus.

Tournus est un simple chef-lieu de canton, qui n'a pas moins de 5.500 habitants, qui eut comme la ville de Chalon et pour même cause, l'autorisation, par Napoléon, de joindre à ses armes l'aigle de la Légion d'honneur.

L'église qui date des xi⁰ et xii⁰ siècles, est un des types curieux de l'architecture romane-bourguignonne; elle possède, comme la Madeleine de Vézelay, un narthex à triple nef, dont la façade est flanquée de deux tours. Nous voyons sur la place de la mairie, la statue de Greuze, né à Tournus en 1726, par Rougelet. Après déjeuner, nous traversons la Saône ; un omnibus nous conduit à Cuisery, sur la ligne de Bourg, et nous rentrons à Chalon par le chemin de fer de Bourg.

Nous connaissions Lyon ; nous nous étions arrêtés à Macon au retour de Turin, nous laisserons de côté Lyon et Macon. Nous irons directement à Lons-le-Saulnier par Louhans.

De Chalon à Louhans (36 kilomètres).

Louhans, hôtel Saint-Martin.

Nous traversons la Saône ; nous prenons la route de Bourg. A quelques kilomètres, nous trouvons Saint-Marcel, un gros bourg dont l'église rebâtie sur l'emplacement d'une ancienne abbaye nous offrirait, comme curiosité, une inscription consacrée à Abeilard, mort en 1142 dans le prieuré de Saint-Marcel.

Nous traversons Epervans, Ouroux, Saint-Germain-du-Plain, où nous quittons la route de Bourg pour nous diriger à l'est, vers Saint-Etienne-en-Bresse, où nous faisons halte pour déjeuner.

Une heure doit nous suffire pour faire les seize kilomètres, qui nous séparent de Louhans, mais en arrivant à Montret un groupe nombreux qui encombrait la route, une véritable foule, nous barre le passage et nous oblige à nous mettre au pas ; toutes les femmes du pays semblent rassemblées là, poursuivant de leurs clameurs, menaçant de leurs poings, une pauvre jeune fille, qui s'avance chancelante entre trois gendarmes. Les gendarmes ont peine à écarter les plus violentes. Ah ! la gueuse ! à mort, à mort ! sont les premières vociférations que nous pouvons entendre.

Nous nous étions, cependant, rapprochés du groupe principal, qui s'avançait lentement, au petit pas des chevaux, cette foule roulant sur elle-même pour ne pas cesser de voir cette malheureuse et ne rien perdre du supplice qu'elle lui infligeait.

C'est une pauvre fille d'un village voisin qui a tué son enfant, nous dit le gendarme qui suivait par derrière ; voilà le juge d'instruction et M. le Procureur qui s'en vont, là bas, dans cette voiture, en haut de la côte ; nous la menons à Louhans ; on aurait bien dû la mettre en charrette ; il n'y a pas longtemps qu'elle est accouchée ; elle n'aura jamais la force d'aller jusqu'à la prison.

— Faites-lui donc prendre une tasse de café, ça lui donnera du courage, dis-je au bon gendarme, en lui montrant la porte de l'estaminet du bourg.

— Vous avez raison, me répondit-il, mais... et il fit un geste pour indiquer qu'elle n'avait pas d'argent.

— Cela me regarde, lui fis-je comprendre, en lui remettant ma carte.

Le gendarme dit un mot au brigadier. Ils font asseoir la prisonnière sur un banc de bois à la porte du cabaret ; ma voiture ferme le cercle ; la foule est repoussée, glapissante, indignée... et quand elle voit apporter à la pauvre fille un verre plein de café, ses imprécations ne connaissent plus de bornes.

Ah! ces Anglais, criait-on, ils ont plus de pitié pour un assassin que pour d'honnêtes gens, comme nous, qui avons bien de la peine, en travaillant, à ne pas mourir de faim... A bas les Anglais!

Et deux ou trois mégères, aux vêtements débraillés, aux cheveux gris tombant, hurlant plus fort que les autres, s'approchent en se courbant sous les poitrails des chevaux.

Arrière donc! la Blondel, cria le brigadier, nous savons bien que tu ne travailles que la nuit pour aller voler les poules et les lapins dans les villages voisins. Et toi, Modeste, tu ne vaux pas mieux ; arrière donc! laissez cette fille tranquille.

La prisonnière, levant les yeux pour remercier d'un regard M. le brigadier, nous laisse voir un visage d'une douceur angélique, d'une beauté touchante ;

la distinction d'une patricienne sous les haillons d'une paysanne.

Lorsque le cafetier vint reprendre le verre, je lui demandai quatre cognacs. Cette attention fut agréable à Messieurs de la maréchaussée.

Le curé du bourg vint à passer. Il s'approcha, nous remercia au nom de la charité chrétienne et nous dit, en deux mots, l'histoire de cette fille et de son crime. Elle était domestique à Saint-Martin, un chef-lieu de canton. Son maître l'a mise à mal, comme toutes celles qui, depuis dix ans, sont entrées à son service, comme celle qui lui a succédé, et les autres après. Quand elles sont enceintes, il les fait avorter ; quand elles refusent de se soumettre à ses manœuvres, il les chasse.....

— Mais c'est cet homme-là qu'il faudrait aller pendre ! m'écriai-je, en m'adressant à ces femmes ; et comme toutes les foules, cette foule changeant tout à coup d'objet dans sa colère : oui, oui, il a raison ; à mort le Vellaud, cria-t-elle de toutes parts ; à mort ! et je donnerais bien la corde pour le pendre, dit un ancien, à l'œil intelligent, mêlé au groupe des femmes.

— Qui est donc ce Vellaud, demandai-je ?

— C'est l'apothicaire de Saint-Martin, répondit le curé.

9.

— C'est le maire de Saint-Martin, répondit le brigadier.

— C'est le conseiller général du canton, dit un troisième.

— C'est le grand électeur, ajoutait un autre.

— Oh ! il dîne bien tranquillement en ce moment ; ce n'est pas ce que pourra dire cette fille qui attirera sur lui les sévérités de la justice. Qu'elle soit acquittée, qu'elle soit condamnée, il n'en continuera pas moins le cours de ses exploits.

— Et elle, après sa peine, elle se réfugiera à Paris, nous dit le vieux, comme ma fille, il y a six ans..... Vous savez pour quel métier y faire.

— Il y a encore douze kilomètres d'ici à la ville, dis-je au brigadier, jamais cette fille ne pourra, à pied, se traîner jusque-là.

— Je n'ai pas d'ordre pour réquisitionner une voiture, répondit celui-ci.

— Monsieur le brigadier, dit Louise à son tour, ouvrez notre voiture, regardez ; la place est libre, mettez-y votre prisonnière, baissez les stores ; vous nous escorterez à cheval.

— Jusqu'à l'entrée de la ville, nous dit le brigadier, en se laissant convaincre.

Joseph fit monter la fille. Ne pleurez pas trop fort,

ma petite, dit-il en fermant la portière ; vous saliriez nos coussins.

Je saluai le curé et nous partîmes escortés des trois gendarmes.

Vivent les Anglais ! hurla la foule.

En arrivant à Louhans, la course au trot, d'une seule traite, commençait à paraître longue à notre escorte. Au moment où nous nous arrêtions pour faire mettre pied à terre à la prisonnière, la voiture des magistrats qui avait fait un détour, nous croisait à l'entrée de la ville.

— Qui vous a permis, dit le procureur au brigadier, d'amener cette fille en pareil équipage ? Les Anglais ont-ils donc à se mêler des affaires de la justice ?

Pour le procureur comme pour les villageois de Montret, tout homme qui monte à cheval ou mène lui-même, ne peut être qu'un Anglais.

Le brigadier s'approchant des magistrats, sans répondre, avait présenté ma carte à ses supérieurs.

— Nous vous remercions, Monsieur le Comte, des sentiments d'humanité qui vous ont guidé dans cette circonstance, me dit, en s'approchant, M. le Juge d'instruction, qui s'était empressé de descendre de voiture.

Quant au procureur, il s'était renfoncé dans son coin.

Je saluai M. le Juge d'instruction et nous nous dirigeâmes vers l'hôtel Saint-Martin, en rapprochant dans nos souvenirs la scène à laquelle nous venions d'assister, à Montret, du tableau de (Hugo) Salmson qui a pris place au musée du Luxembourg.

Une heure nous suffira pour visiter Louhans, une petite ville de 4,000 habitants, au confluent de la Seille et de la Vallière, à 180 mètres d'altitude.

Incendiée par les uns, ravagée par les autres, elle ne se releva de ses ruines que lorsque Louis XIV la réunit au domaine royal en 1674, en même temps que Lons-le-Saulnier. Son église n'est curieuse que par son irrégularité. Elle semble composée de deux parties distinctes, voûtées, partie en bois, accolées l'une à l'autre et mises en communication par une seule ouverture ogivale.

De Louhans à Lons-le-Saulnier (29 kilomètres).

A Lons, hôtel de l'Europe.

Nous partons par un temps un peu lourd ; le ciel, bientôt, se charge de nuages ; le tonnerre gronde au loin ; la pluie ne tarde pas à tomber, droite, serrée, drue.

Dans un premier élan de bravoure, les manteaux imperméables sont déployés; nous nous maintenons dans nos positions.

Mais bientôt, il n'y a plus d'illusion à se faire, la pluie va durer tout le jour. Plus d'horizons lointains; tout s'efface à trente pas dans la nappe d'eau qui tombe. Nous nous réfugions dans l'intérieur de la voiture.

Nous irons tout d'une traite jusqu'à Lons. Une grande ville nous offrira toujours quelques ressources.

Il parait que nous avons traversé Beaurepaire et franchi un peu auparavant, la ligne de séparation des départements de Saône-et-Loire et du Jura.

Nous sommes à Lons-le-Saulnier.

On nous apprend, au déjeuner, que c'est une pluie de quarante-huit heures; que nous n'avons aucun espoir de la voir finir avant le surlendemain, au lever du soleil.

Le chef-lieu du Jura est une ville de 11,000 habitants, située sur la Vallière, à 250 mètres d'altitude et entourée de collines, couvertes de vignes et d'arbres fruitiers. Lons-le-Saulnier, qui faisait partie du royaume Bourguignon, puis du duché de Bourgogne, fut occupée par Louis XIV en 1668 et réunie au domaine royal, comme Louhans, en 1674. Lons a un établissement d'eaux minérales et, à peu de distance, les salines importantes de Montmorot.

A Lons, en 1815, sur la promenade de la Chevalerie, le maréchal Ney réunissait ses troupes, les haranguait et les conduisait au-devant de l'Empereur. Il paya son dévouement de sa vie.

Les églises Saint-Désiré et des Cordeliers n'ont rien de remarquable.

Nous vîmes sur la grande place la statue du général Lecourbe par Etex ; un buste de Bichat, dans la cour de l'hôpital ; au musée, construit sur l'emplacement de l'ancien château des princes de Chalon, quelques bons tableaux, des poteries, des antiquités gallo-romaines ; nous recueillîmes quelques renseignements sur des établissements industriels d'une réelle importance, fonderie de fonte de deuxième fusion, fabriques de tapis et de couvertures, de vins mousseux qu'on exporte, etc.

Pendant le dîner, à table d'hôte, il fut question de la cour d'assises qui devait terminer sa session, le lendemain, par une affaire à sensation.

Personne n'avait oublié que, quelques mois auparavant, une triste nouvelle avait jeté l'effroi dans le monde des arts. Léopold Desrues, le peintre sympathique, qui avait donné depuis dix ans, au salon, les œuvres les plus originales ; un coloriste, dont on se rappelait les toiles qui lui avaient mérité une place au Luxembourg et le ruban rouge à la boutonnière, avait été assassiné sur la crête de Nans, dans la forêt de la Joux, alors qu'ayant au bras sa maitresse, amoureusement penché vers elle, il lui faisait admirer les magnificences du soleil couchant, dorant de ses derniers rayons les sommets des Alpes et du Jura.

Histoire de femme; vengeance d'amour, avait dit la presse; et, pendant deux mois, les journaux, à l'envi, avaient fait connaître les détails du drame et de l'instruction; l'affaire avait été d'ailleurs des plus faciles à instruire, l'accusé et les témoins ayant tout avoué, tout raconté avec une franchise entière, sans réticences, comme sans forfanterie.

Les débats ne devaient donc rien révéler de nouveau; mais l'attitude de l'accusé à l'audience, la beauté fatale du principal témoin, sœur de l'accusé, maîtresse de la victime, le ressentiment de la veuve de Léopold Desrues, pouvaient fournir aux spectateurs des émotions vivement recherchées. La salle serait trop petite pour contenir la foule. C'est à l'admiration d'un de nos voisins de table pour la comtesse, que nous dûmes deux billets de faveur qui nous donnaient place dans la tribune de gauche, en face de l'accusé et des témoins. Nous ne perdrions pas un mot.

Nous prenions place au moment où l'huissier, ouvrant la porte de la chambre du conseil à deux battants, criait à haute voix : la Cour, Messieurs, debout! découvrez-vous. L'accusé est à son banc, entouré de trois gendarmes, assisté de son défenseur. Les douze jurés de jugement sont à leur place.

Le président de la Cour, en prenant possession de son fauteuil, invite les jurés à s'asseoir.

Lorsque le bruit des chaises s'est apaisé, le président s'est couvert, et se tournant vers l'accusé, lui dit :

— Accusé, levez-vous. Comment vous appelez-vous ?

— Victor Lambert.

— Votre âge ?

— Vingt-sept ans.

— Votre profession ?

— Élève à l'École des Beaux-Arts, section de peinture.

— Où demeuriez-vous, avant votre arrestation ?

— A Paris, rue Monsieur-le-Prince, 24.

— Asseyez-vous.

Veuillez vous lever, Messieurs les jurés, ajoute le président, la Cour va recevoir votre serment.

Les jurés se lèvent et le président prononce, d'une voix claire et distincte, la formule du serment : « Vous jurez et promettez devant Dieu et devant les hommes, d'examiner avec l'attention la plus scrupuleuse les charges qui seront portées contre Victor Lambert ; de ne trahir ni les intérêts de l'accusé, ni ceux de la société qui l'accuse ; de ne communiquer avec personne jusqu'après votre déclaration ; de n'écouter ni la haine ou la méchanceté, ni la crainte ou l'affection ; de vous décider d'après les charges et les moyens de défense, suivant votre conscience et votre intime conviction, avec l'impartialité et la fermeté qui conviennent à un homme probe et libre. »

Chacun des jurés, à l'appel de son nom, répond en levant la main : Je le jure.

Cette formalité solennelle, imposante, fait faire à tous des réflexions graves. Pauvre d'esprit serait celui qui ne songerait pas aux devoirs qu'elle impose, à la responsabilité qui lui incombe. La salle entière subit l'influence de la gravité de la situation ; il semble que chacun devienne acteur dans le drame qui va se dérouler.

Pendant que le greffier donne lecture de l'acte d'accusation, dont les principaux moyens nous ont été communiqués depuis longtemps par les journaux ; nous pouvons, à loisir, examiner l'accusé et les témoins du procès.

Victor Lambert est de barbe et cheveux bruns, de

visage pâle ; il a les yeux grands, bien ouverts, le nez busqué. On sent un tempérament énergique et sanguin, prêt à obéir sans réserve à ses passions, bonnes ou mauvaises.

Au banc des témoins, sa sœur, Céleste-Lucie Bauër, est une femme de taille élégante ; ses traits n'ont aucun caractère distinctif bien saillant ; mais dès qu'elle parle, qu'elle s'anime, qu'elle sourit, une attraction indéfinissable se dégage de tout son être ; c'est une charmeuse. Une photographie donnerait d'elle une image sans beauté. Pour un peintre, son portrait serait un écueil ; mais on comprend que lorsqu'un artiste de talent aura tiré des traits de ce visage, un type original, fruit de son imagination autant que de la réalité, ce type le dominera dans toutes ses créations. Malgré lui, lorsque pour peindre une mendiante ou une folle, une fille de Ptolémée, Judith ou la Vierge, il cherchera à échapper à la vision qui s'est emparée de son cerveau, il retombera inconscient, dans la reproduction identique de la femme de ses rêves ; car cette femme sera la femme aimée. Léopold Desrues adorait cette femme.

Elle porte une toilette des plus simples, de modestes vêtements noirs. Son attitude est convenable. A l'autre extrémité du même banc, un autre témoin attire notre attention : c'est la veuve de Léopold

Desrues. Elle est à moitié cachée par son grand voile de deuil; un agent de police est à côté d'elle, qui semble chargé de surveiller tous ses mouvements. Craindrait-on, de sa part, quelqu'acte de violence? Elle aurait, paraît-il, laissé échapper la menace de défigurer sa rivale, en lui jetant du vitriol à la face; elle a une quarantaine d'années.

Après la lecture de l'acte d'accusation, les témoins se retirent de l'audience.

— Accusé, levez-vous, dit le Président; vous avez vingt-sept ans. Jusqu'à quel âge avez-vous vécu dans votre famille, à Melun?

— Jusqu'à dix-sept ans.

— Jusqu'à l'âge de dix-sept ans, vous viviez à Melun, auprès de votre mère et de votre beau-père, qui avaient un commerce de marchand de meubles; à côté d'une sœur aînée, comme vous, enfant du premier mari de votre mère, et à côté d'une jeune sœur, Lucie, née après le second mariage de votre mère avec le nommé Samuel Bauër? C'est bien exact?

— Oui, Monsieur le Président.

— Votre sœur Lucie avait quatre ans de moins que vous?

— Oui...

— Vous aimiez beaucoup votre sœur Lucie... Expliquez à Messieurs les Jurés quelles circonstances vous ont amené à avoir pour elle une affection... exaltée; à vous constituer le défenseur de cette enfant?

— Mes parents n'aimaient pas ma sœur; mon beau-père prétendait que, née six mois seulement après son mariage avec ma mère, Lucie était une bâtarde, à laquelle il ne devait rien, ni entretien, ni nourriture. Il était dur pour elle, injuste, méchant. Il la battait pour la moindre peccadille; il lui reprochait le pain qu'elle mangeait. Va-t-en donc trouver ton général, lui disait-il souvent. Il prétendait qu'elle devait le jour aux relations qu'un général aurait eues avec ma mère. Ma mère baissait la tête, pour avoir la paix. Tout enfant, je pris l'habitude de la défendre. Si on la mettait au pain sec, je laissais de côté ma part des bons morceaux, pour les lui porter en cachette. Je la consolais. Je cherchais à lui rendre la vie moins dure.

— Que s'est-il passé au jour de la première communion de votre sœur ?

— Un monsieur, officier de la Légion d'honneur, vint à la maison, un peu avant le repas de famille qui suivit la cérémonie. On lui présenta ma sœur; il l'embrassa avec effusion, et lui fit cadeau d'une montre et d'une chaîne en or. C'était le général. Le soir même, ma mère prit la montre et la chaîne, en disant que le prix servirait à payer ma première année de pension, à Paris, au jour prochain où l'on m'enverrait à l'Ecole des Beaux-Arts, pour apprendre la peinture...

— Ensuite?

— Je déclarai que j'aimerais mieux raboter des planches toute ma vie, que de dépouiller ma sœur d'un bijou qui lui appartenait.

— Vous aviez alors seize ans; votre sœur en avait douze; la vie de famille va continuer entre vous tous pendant un an encore. Puis, on vous envoie à Paris, suivre les cours de l'Ecole des Beaux-Arts. Vous aviez obtenu quelques succès à l'Ecole municipale de dessin de Melun. La ville vous avait accordé une allocation de trois cents francs par an, pour vous encourager à persévérer dans cette carrière.

Votre famille s'imposant un lourd sacrifice, vous fit à Paris une pension de douze cents francs. Vous reveniez à Melun de temps à autre, et votre affection pour votre sœur prenait plus de force à mesure qu'elle-même prenait de l'âge, devenait grande fille, est-ce vrai?

— C'est vrai... mais dans les limites d'une amitié toute fraternelle.

— Toute fraternelle... dites-vous; cependant n'avez vous pas souvenir de scènes de violence que vous fîtes à votre beau-père et même à votre mère, lors de vos voyages à Melun, à l'occasion des sévices dont ils continuaient à accabler votre sœur?

— Peut-être bien...

— Ne leur dites-vous pas, un jour, que vous l'emmèneriez à Paris, et que, dut-on la prendre pour votre maîtresse, vous vous chargeriez bien d'elle, pour la soustraire à leur injustice?

— Je ne me souviens pas d'avoir dit cela. La colère va parfois au delà de la pensée; jamais je n'ai pu avoir l'idée de prendre ma sœur avec moi; je savais bien que la place d'une jeune fille n'était pas chez moi, à Paris, au milieu des camarades. J'ai toujours eu trop de respect pour ma sœur pour l'exposer à des doutes injurieux... puisque j'ai poussé ce respect, jusqu'à tuer...

— N'allons pas trop vite; suivons l'ordre des faits et des années...

Votre sœur a quinze ans. Dites à Messieurs les Jurés quel fait important s'est produit, alors, dans votre famille.

— J'avais, à la suite d'une discussion plus vive que les autres, avec mes parents, éloigné mes visites. Je restai plusieurs mois sans venir à Melun. Un soir, j'arrivai à l'heure du dîner. Je trouvai un vieillard installé à la table de famille; ma sœur Lucie était à sa gauche; il lui débitait, de temps à autre, des compliments de mauvais goût. J'allais lui imposer silence. Ma mère vit la contraction de mes lèvres; elle crut devoir conjurer l'explosion de ma colère en me présentant M. Dumont, comme le futur mari de ma sœur. Elle avait quinze ans; cet homme en avait soixante! Je ne fus pas maître de mon indignation; je me levai, saisis Lucie par le bras et l'entrainai dehors.

Ma sœur se jeta dans mes bras en pleurant. Je sais bien, me dit-elle, que c'est le malheur de ma vie. Ce vieux s'est épris de moi; il m'achète pour quelques milliers de francs qu'il va prêter à nos parents... leur situation commerciale est mauvaise... si je refuse, la vie n'est plus possible ici pour moi... Ma sœur, elle-même, me pousse à ce mariage. Si tu savais quelles raisons elle me donne... et les sanglots de la pauvre enfant éclatèrent plus forts...

Ma pauvre Lucette! m'écriai-je, et je me sauvai sans rentrer dans la salle. Je partis, en maudissant ma mère... de ce jour-là, le malheur est entré dans notre maison...

La voix de l'accusé était vibrante, saccadée...

— Continuez, lui dit le Président, que s'est-il passé ensuite?

— Le mariage se fit. Je vins embrasser ma sœur,

à la sacristie; mais je ne restai pas. C'était un odieux spectacle : cette enfant vendue à ce vieillard !

La colère du ciel ne devait pas tarder à nous frapper tous. Les quelques mille francs donnés au père, pour prix du marché, ne le sauvèrent pas de la faillite. Dumont, lui-même, deux ans plus tard, avouait qu'il n'avait plus un sou. La place qu'il avait dans un bureau n'était pas assez lucrative pour les faire vivre, lui, sa femme, son enfant; il avait dans tout Melun des dettes criardes, des billets en circulation, tout son ménage au Mont-de-Piété. Il vint se cacher à Paris, espérant peut-être, déjà, vivre de la beauté de sa femme... le misérable !

Je gagnais, avec mes pinceaux, quelqu'argent; vendant une étude, faisant des portraits, je leur vins en aide; avec le peu que je pouvais donner, avec l'argent de la place qu'il avait trouvée, on vivait; c'est-à-dire qu'on ne mourait pas tout à fait de faim... mais la misère était là, menaçante, avec ses désespoirs.

Un jour, jour maudit! Je lui parlai, à lui, de la possibilité pour sa femme de gagner dix francs par séance, en posant pour les peintres.

Ma sœur n'était pas correctement belle; mais l'expression de son visage devait être, pour un artiste, d'une merveilleuse ressource. Celui qui parviendrait à tirer de ses traits, en les épurant, un type de beauté étrange, fatale, pouvait espérer enfanter un chef-d'œuvre. Ma sœur aurait plus de demandes de séances qu'elle pourrait en donner.

Dumont accepta l'idée sans hésiter et quand j'ajoutais : modèle, pour la tête, seulement, la restriction lui paraissait inutile ; si la pose d'ensemble eut dû rapporter plus d'argent, il n'eût vu aucun inconvénient, à ce que sa femme laissât tomber, devant tous, son dernier vêtement.

Je présentai ma sœur à deux ou trois de mes professeurs de l'école. Je les intéressai de mon mieux au sort de cette jeune mère ; quelques mois plus tard le succès de Lucie, comme modèle d'expression, s'accentua de telle sorte que tous les peintres en vogue réclamèrent des séances. Les plus célèbres se disputaient son temps ; et l'autre, aussi, Léopold Desrues...

C'est moi qui fus coupable... Pouvais-je ignorer le danger auquel je l'exposais ?

Quelle force de vertu elle a eue, pauvre sœur, pour résister deux ans ! elle vous le dira, je n'en ai pas le courage...

Et l'accusé se laissa retomber sur son banc, la tête entre ses mains, les yeux inondés de larmes.

Les gendarmes voulaient le faire relever ; — reposez-vous un instant, lui dit le président.

Messieurs les jurés, reprit le président, nous arrivons au dénouement. Les événements vont se précipiter. Il ne s'agit plus d'appréciations, d'analyse de sentiments que je tenais à voir l'accusé exposer lui-même devant vous ; il s'agit de faits précis sur lesquels je me contenterai de lui faire quelques questions :

— Accusé, vous veniez voir fréquemment votre sœur ; vous entretenir avec elle de vos progrès, de vos succès d'école ; puis encore des tableaux dans lesquels on retrouverait sa tête, au salon prochain, ou aux expositions des cerles de Paris ; des séances qu'elle accordait à tels ou tels ; qu'elle devrait refuser à celui-ci, à celui-là, qui avaient une réputation détestable, au point de vue de leur manière d'être avec les femmes. Vous cherchiez à la prémunir contre les dangers du métier.

Ne lui avez-vous pas donné le conseil d'emmener sa fille avec elle ?

— Oui, Monsieur le président.

— Le peintre Desrues ne prenait-il pas l'enfant comme modèle, aussi souvent que la mère, elle-même ?

— Oui ; il y a plusieurs études dans l'atelier de Desrues qui reproduisent la tête de la petite.

— A quelle époque avez-vous, sans cesser complètement de venir voir votre sœur, éloigné vos visites à de plus longs intervalles ?

— L'accusé, avec hésitation : il y a environ quinze mois.

— Oui, il y a quinze mois, votre sœur a précisé l'époque.

— N'aviez-vous pas fait la connaissance d'une jeune fille ; ne l'aviez-vous pas enlevée à sa famille ; n'aviez-vous pas fait d'elle votre maîtresse ; ne l'avez-vous pas rendue mère ? Est-ce vrai tout cela ?

— L'accusé baissant la tête : Oui, Monsieur le président.

— Votre sœur a bientôt découvert votre triste roman ; avec le concours de Suzanne, sa sœur aînée, qui, nous devons le dire à Messieurs les jurés, a quitté Melun pour venir à Paris, vivre dans le désordre et le libertinage, elle a pu vous suivre, connaître la maison où vous cachiez votre maîtresse ; vous forcer, en quelque sorte, à avouer vos relations ; et vous, vous n'avez pas hésité à la présenter, à l'introduire dans le ménage Dumont comme membre de la famille.

Remarquez-le bien, Messieurs les jurés, à mesure que nous pénétrons dans l'intimité de cette famille, nous marchons de désordre en désordre, nous découvrons immoralités sur immoralités, et nous allons arriver, par une chute rapide, jusqu'au crime.

C'est l'histoire de ce qui se passe trop souvent de nos jours ; les appétits matériels n'ont plus de frein ; nous n'avons plus pour la religion, pour la morale, pour les lois, qui doivent régir toute société, que dédain et raillerie.

Vous avez vu la mère introduire dans son second ménage l'enfant d'un étranger ; la fille aînée quitter Melun, pour fuir le scandale de fautes trop nombreuses ; la seconde fille, Lucie, vendue pour quelques milliers de francs à un vieillard débauché qui ne cherchait, dans ce mariage, que l'assouvissement de malsains désirs.

Celui-ci, vous avez pressenti la nature des sentiments d'affection qu'il éprouve pour sa sœur ; ce n'est pas assez. Chemin faisant, il rencontre une jeune fille, pure encore ; il n'hésite pas à la débaucher, à la rendre mère, sans se préoccuper de savoir s'il aura les ressources nécessaires pour pourvoir à ses besoins, à ceux de son enfant.

Et dans le ménage Dumont, on accueille celle-ci à bras ouverts, comme si le concubinage était la chose la plus respectable du monde.

Pour eux tous, il n'y a qu'une loi, la satisfaction des appétits matériels. Comment nous étonnerionsnous de voir, dans ce milieu, se développer les sentiments de la jalousie furieuse, l'instinct du meurtre, de l'assassinat?

Nous arrivons, Messieurs les jurés, à la dernière phase du drame.

Nous avons précisé la date où ont commencé les relations de l'accusé avec sa nouvelle maîtresse. L'accusation y attache une grande importance; c'est de ce moment, en effet, que la femme Dumont, ne trouvant plus de la part de son frère les marques d'intérêt, les preuves fréquentes d'amitié auxquelles il l'avait habituée, cède aux instances de Léopold Desrues, et bientôt s'abandonne.

— Accusé, n'avez-vous pas, un jour, trouvé chez votre sœur des tableaux de Desrues qui ont éveillé vos soupçons?

— Oui, Monsieur le président, des études qui, au prix où se vendent les œuvres de Desrues, avaient une grande valeur. J'en fis l'observation à ma sœur; elle voulut éluder mes questions par des plaisanteries de mauvais goût. J'insistai; j'attendis même le retour de son mari et cherchai à appeler l'attention de ce dernier sur l'importance de cadeaux inavouables qui n'étaient encore, je l'espérais, que la menace du danger. Sa réponse me fit comprendre tout l'odieux de sa conduite. Je le voyais disposé à

10.

profiter du désordre de sa femme pour vivre plus largement.

Je compris mon devoir. Je surveillerais ; et pour l'honneur de la famille, à tout prix, j'arracherais ma sœur à l'infamie.

— Vous avez donc surveillé votre sœur ; qu'avez-vous vu ?

— Je vins un soir, à l'heure du dîner ; Léopold Desrues, un riche, habitué au bien-être, au luxe, était assis à la table de ces artisans, à côté de ma sœur, en face du mari. Ma sœur vit ma colère ; elle eut l'audace de me dire que si j'avais pris une maîtresse sans lui demander avis, elle n'avait pas besoin de mon consentement pour prendre un amant, et le mari était là ; mais il y avait sur la nappe blanche, un gâteau, du dessert, une bouteille de bon vin ; cet homme refusait de défendre l'honneur de son foyer ; pour un bon dîner, il était prêt à ne rien voir, ne rien entendre, même le bruit de leurs pieds, qui se cherchaient sous la table.

Je ne fus plus maître de mon indignation ; j'interpellai brutalement le séducteur, et, sans lui laisser le temps de me répondre, je ne craignis pas de le menacer ; de lui dire que, dussè-je le tuer, je parviendrais bien à l'empêcher de nous déshonorer.

J'étais debout, ma sœur me poussa dehors.

Dès ce moment, ma résolution fut prise ; l'honneur m'obligeait, je tuerais cet homme.

Je ne tardai pas à savoir que, chargé de reproduire certain épisode de la guerre, dont la scène se passait à la forêt de Joux, il allait partir pour jeter sur la toile le paysage qui devait encadrer l'action. Je ne doutai pas qu'il voulût emmener ma sœur avec lui ; je les suivis pas à pas ; et lorsqu'un soir, je le rencontrai, amoureusement penché vers elle, lui faisant admirer les dernières lueurs du soleil couchant sur les Alpes, je vis rouge ; je m'élançai, je frappai..... Justice était faite.

— Accusé, vous pouvez vous asseoir.

Messieurs les Jurés, ajoute le Président, avez-vous quelque question à adresser à l'accusé ? Nous ne le pensons pas. Ses aveux, à cette audience, tant sur le fait principal que sur les circonstances, sont aussi complets que spontanés. Quel est le mobile qui l'a poussé ? L'honneur de la famille, répond-il ; mais la jalousie et ses fureurs ne résultent-elles pas de ses explications mêmes ? Quelle serait donc, si ce n'est la jalousie, la cause de l'emportement que fait naître en lui la présence de son rival, de celui qui vient lui disputer l'affection, l'amour de sa sœur ? Celle-ci vous dira, lorsque nous allons l'entendre tout à l'heure, qu'elle avait bien compris la nature du sentiment qui dominait son frère, sentiment que, peut-être, elle aurait partagé, si elle ne l'avait pas vu s'attacher à la jeune fille qu'il a débauchée. En l'entendant, vous allez vous convaincre que l'oblitération du sens moral va, jusqu'à lui faire envisager, sans honte, la pensée de l'inceste, auquel elle se laissait entraîner, jusqu'au jour où le concubinage de son frère vint enfin lui dessiller les yeux.

Quant à la préméditation, l'accusé vous l'a dit : sa résolution est prise ; il suit son rival pas à pas, et, au moment opportun, il frappe.

Messieurs les Jurés, l'audience est un moment suspendue.

Le jury va rester, pendant quelques minutes, sous l'influence d'une impression poignante; sa conviction s'affermit ; il sera inaccessible à la pitié, lorsque la sœur de l'accusé va venir, avec ses larmes, faire appel à sa clémence.

L'audience est reprise ; faites entrer, dit le Président, le premier témoin.

Le témoin est Jean Bérald, élève de Léopold Desrues, appelé par lui pour prendre la perspective, fixer les lignes des plans sur lesquels viendront à se mouvoir les groupes; indiquer sur la toile la coloration des pics qui dominent la scène, aux dernières lueurs du jour. Il était là au travail ; le maître s'était éloigné avec sa maîtresse. Tout à coup, Bérald entend un cri, il s'élance ; il relève Desrues tombé à terre. Avec l'aide de Lucie Dumont, il cherche à lui porter secours, à comprimer la plaie avec son mouchoir, à arrêter le sang qui coule ; efforts inutiles ; le poignard avait pénétré jusqu'au cœur. La mort avait dû être instantanée.

Le meurtrier n'avait pas cherché à fuir ; Bérald reçoit de ses mains l'arme terrible avec laquelle il a frappé, un poignard javanais à lame large et tranchante, à la pointe acérée, une de ces armes qu'on trouve dans tous les ateliers.

Je connaissais Lambert, ajoute Bérald, il n'était pas homme à se sauver ; je lui demandai d'aller, lui-même, chercher des secours, des moyens de transport ; il le fit ; revint avec du monde, une charrette attelée de bœufs, et nous ramenâmes le corps du chàlet d'Onglières à Nozeray, un village où nous avions pris gîte. C'est là que Lambert se livra aux gendarmes.

On appelle le deuxième témoin :

Lucie Dumont s'approche de la barre ; le Président fait donner un siège ; la déposition sera longue ; l'émotion peut obliger le témoin à s'asseoir.

— Levez la main droite, lui dit le Président, vous

jurez de parler sans haine et sans crainte; de dire la vérité, rien que la vérité?

Un faible oui ne parvient pas jusqu'à la Cour.

— Dites : je le jure.

— Je le jure.

— Vos nom et prénoms?

— Céleste-Lucie Bauër, femme Dumont.

— Votre âge?

— Vingt-trois ans.

— Votre profession?

Le témoin garde le silence...

— Vous posiez quelquefois, comme modèle, pour les peintres?

— Oui, Monsieur.

— Votre demeure?

— A Paris, boulevard de la Tour-Maubourg.

— Vous connaissez l'accusé; vous êtes sa sœur utérine; sa sœur de mère?

— Oui, Monsieur.

— Monsieur l'avocat général, l'accusé et son défenseur ne s'opposent pas à l'audition du témoin? Les interpellés s'inclinent en signe d'assentiment; le Président reprend :

Votre frère a assassiné Léopold Desrues; pour faire comprendre à Messieurs les Jurés le mobile qui l'a fait agir, il est nécessaire que vous fassiez connaître l'histoire de votre vie tout entière ; remontez à votre enfance. Tournez-vous un peu du côté de Messieurs les Jurés, et parlez haut. Il faut qu'ils entendent nettement vos explications. Le témoin porte son mouchoir à ses yeux. Des flots de larmes l'empêchent de parler.

— Témoin, je vais venir au secours de votre mémoire ; écoutez mes questions et répondez : vous êtes née à Melun ; votre mère avait perdu un premier mari et s'était remariée, en secondes noces, à Samuel Bauër ; vous êtes née après ce mariage ?

— Oui, Monsieur.

— Votre père ne vous aimait pas ; pourquoi ?

— Je ne l'ai compris que plus tard ; il m'appelait bâtarde et disait à ma mère, quand j'avais besoin de quelque vêtement : qu'elle aille donc le demander à son général.

— Ce n'est que plus tard, naturellement, que vous avez pu comprendre qu'il vous reprochait l'irrégularité de votre naissance ?

— Oui, Monsieur.

— Votre mère prenait-elle votre défense ?

— Quelquefois ; mais mon père se mettait en colère, menaçait de la battre et ma mère, pour avoir la paix, faisait comme mon père ; elle me battait et m'envoyait à l'école sans déjeuner, avec un morceau de pain sec dans mon panier. Bien souvent, les sœurs m'ont donné de quoi manger.

— Votre frère, que faisait-il alors qu'on vous punissait injustement; qu'on vous privait de nourriture?

— Mon frère me consolait; m'encourageait à la patience; se privait pour moi de sa part de nourriture et me la donnait en cachette.

— Votre frère était bon pour vous. Il vous protégeait de son mieux?

— Bien bon pour moi; oui, Monsieur.

— A l'époque de votre première communion, il y eut une histoire de montre et de chaîne qui dut frapper votre imagination; dites-nous ce que vous vous rappelez à cet égard?

— Mes souvenirs sont précis; nous sortions des offices; un peu avant le repas de famille préparé à la maison, un grand Monsieur, décoré, très correct dans sa tenue de militaire en bourgeois, était assis dans le grand fauteuil. Ma mère me conduisit à lui; il m'embrassa sur les deux joues en me disant : Courage! mon enfant, soyez bien sage et travaillez bien. Elle sera jolie, dit-il, ensuite, en s'adressant à ma mère. Et, tout aussitôt, tirant de sa poche un écrin, il en sortit une montre d'or et sa chaîne, qu'il me mit au cou, en me disant : Vous penserez quelquefois au vieil ami qui s'intéresse à vous de tout son cœur ; priez le bon Dieu pour lui ! Nous nous reverrons plus tard, au jour de votre mariage ; si je reviens du pays où je pars... et il nous quitta. Le soir, ma mère me reprit la montre et la chaîne et je ne revis jamais le bijou du général ; car je ne tardai pas à savoir que c'était le général, à qui mon père reprochait ma naissance.

— Est-ce que votre frère n'intervint pas, ce jour-là, pour qu'on ne vous prît pas le bijou qui vous avait été donné?

— Oui, Monsieur le Président ; mon frère le fit en termes très vifs, qui me laissèrent une impression durable de sa générosité et de son amitié pour moi.

— Nous arrivons à l'époque de votre mariage. Vous aviez quinze ans ?

— Oui.

— Et l'homme qu'on vous présentait comme mari, quel âge avait-il?

— Soixante ans!

— Le connaissiez-vous avant l'époque où votre mère vous fit part de sa demande?

— Il venait à la maison depuis un an. Toujours, il cherchait à se mettre près de moi ; à s'approcher le plus possible ; à toucher mes vêtements ; à me prendre la main ; une fois même, nous nous trouvions seuls, il voulut m'embrasser. Je le repoussai rudement.

Il me parlait de son argent, de ses richesses, du bonheur qu'aurait sa femme; des beaux meubles qu'il lui donnerait et qu'il achèterait à mon père; des gâteaux qu'on mangerait tous les jours, à sa table; du bon vin qu'il aimait; puis, quand il crut le terrain bien préparé, il se hasarda à me parler de son amour, de sa félicité, si je consentais à devenir sa femme... plus tard, plus tard, ajoutait-il; mais en même temps, il me saisissait, me prenait dans ses bras et me pressait contre lui.., je parvins à me dégager, à m'échapper, à fuir, et, comprenant qu'on prenait à tâche de me laisser seule avec lui, je formai la résolution de m'en expliquer avec ma mère.

Il me parlait d'amour; j'étais bien jeune; mais les petits services que réclamait de moi ma sœur Suzanne qui, souvent, m'envoyait porter une lettre, ou me faisait faire le guet, lorsqu'elle était avec ses amoureux, étaient faits pour éveiller mon intelligence; il m'était difficile de comprendre l'amour d'un vieillard; ma sœur les choisissait plus jeunes.

Aussi, lorsque ma mère, faisant appel à mes sentiments de reconnaissance et d'amitié pour elle, pour mon père, que les libéralités de M. Dumont pouvaient sauver de la faillite et de la ruine, me demandait de lui accorder ma main, je refusais. Pendant deux mois, toutes les vexations, dont on m'avait abreuvée pendant mon enfance, furent de nouveau mises en œuvre pour vaincre ma résistance.

Mon frère n'était plus là; on me rendit la vie impossible. Les mauvais conseils ne me manquèrent pas. Ma sœur cherchait à me prouver qu'une jeune fille est très heureuse d'épouser un vieillard; elle pouvait prendre des amants à sa guise; et, en les choisissant riches, on devenait riche, soi-même, à rouler carrosse. Enfin, on me parlait des libéralités que le général avait promis de faire pour moi, au jour de mon mariage; tout serait perdu, s'il venait à mourir au Tonkin; il était imprudent de ne pas profiter immédiatement de ses bonnes dispositions à mon égard... Je cédai.

Je pouvais me rendre compte de la grandeur de mon sacrifice et de l'odieuse conduite de ceux qui m'y poussaient : le hasard, des pièces nous manquaient, nous oblige, un jour, à monter ensemble, mon père, ma mère, M. Dumont et moi, au parquet de M. le Procureur de la République. Ce magistrat me regardait avec bienveillance et pitié : mon enfant, me dit-il, personne, n'est-ce pas, ne vous force à consentir à ce mariage?

Votre futur, vous ne l'ignorez pas, est beaucoup

plus âgé que votre père..... prononcez en toute liberté ; comptez sur notre protection, si elle vous était nécessaire.....

— Votre frère n'eut-il pas aussi l'occasion d'intervenir ?

— Oui, Monsieur.

— Dites-nous dans quelles circonstances ?

— Il arrive un soir à la maison ; nous trouve à table ; M. Dumont était à côté de moi. Mon frère ne se doutait de rien. Les compliments que m'adresse mon futur mari sur les charmes de ma jeunesse, le surprennent, l'irritent ; il va s'interposer, se mettre en colère ; ma mère croit devoir intervenir et lui annoncer mon prochain mariage, en lui présentant M. Dumont.

Sans dire un mot, mon frère se lève, m'entraîne au dehors ; je me précipite dans ses bras ; j'éclate en sanglots. Je lui dis mes répugnances, mes hésitations, mes refus ; mais je lui fais part aussi de la nécessité pour moi de céder ou de fuir ; enfin, de mon consentement à acquérir, au prix de mon bonheur, le salut de tous, le rachat de la ruine ; pour moi, peut-être aussi, une aisance modeste.

Malheur à vous tous ! s'écrie-t-il ; une misère honorable vaut mieux que la richesse à ce prix ! il se sauve. Au jour du mariage, mon frère est venu m'embrasser à la sacristie, et il n'a plus reparu.

Pendant les trois années que nous avons passées à Melun, je ne l'ai pas revu; mais les quelques milliers de francs que mon mari avait donnés à mon père en paiement du petit mobilier qui garnissait notre logement, n'avaient pas tardé à être engloutis avec le reste. D'un autre côté, neuf mois après mon mariage, j'avais une fille. Nous vivions bien modestement ; le traitement que recevait mon mari n'eût cependant pu nous suffire ; nous prenions sur le petit capital qui lui était resté de quoi subvenir à nos dépenses. Il fut bien vite épuisé, et mon mari forcé d'avouer que tout ce qu'il avait annoncé, avant son mariage, était mensonge ; qu'en dehors des quelques mille francs qu'il avait donnés à mon père, il n'avait rien ; qu'il avait fait tous ces récits pour m'éblouir.

Pendant quelque temps encore, nous pûmes vivre sur notre crédit, multipliant billets sur billets, renouvellements sur renouvellements, et portant un à un, bijoux, meubles, hardes, au Mont-de-Piété. Lorsque tout fut vendu, engagé, notre crédit usé, nous dûmes quitter Melun pour aller cacher notre misère à Paris et continuer à vivre d'expédients.

Mon frère reparut alors pour venir à notre secours ; quand il avait vingt francs de reste, il me les apportait, et mieux encore, ses bonnes exhortations, sa gaieté, sa bonne humeur ; il relevait mon courage, ma confiance dans l'avenir, et les mois passaient.

Les fournisseurs voyaient notre bonne volonté d'acquitter partie de nos dettes, au jour où mon mari touchait son traitement, et nous parvenions à ne pas mourir de faim.

Mon frère ne cessait de me témoigner l'affection la plus vive, l'amitié la plus exaltée, mais en même temps la plus respectueuse.

Un jour, il me proposa de poser comme modèle ; pour la tête seulement. Je pourrais gagner dix francs par séance si je parvenais à bien tenir la pose. Je ferais bien d'emmener ma petite avec moi, comme porte-respect. Mon mari ne s'y opposait pas. J'acceptai.....

J'eus tort, Messieurs, je le comprends aujourd'hui ; s'enfermer, jeune femme, avec un homme, pendant plusieurs heures, c'est s'exposer à entendre des paroles trop libres, des propositions déshonnêtes ; à l'obligation de réprimer des gestes inconvenants, et même de résister, parfois, à la violence.

Les peintres, je le sus bientôt, ne sont pas habitués à la résistance. Les modèles sont forcés de céder à la première sommation ; c'est le métier qui veut ça. Plus d'une grande dame, quand on s'est regardé pendant trois heures, les yeux dans les yeux, ne sont pas, paraît-il, d'une conquête beaucoup plus difficile.

Je ne puis dire tout ce que j'eus à souffrir ! c'était acheter cher le pain de la maison ! Je ne pouvais cependant pas laisser mourir de faim ma fille..... pauvre petite ! Je continuai à poser. Mon amour maternel me donnait la force de supporter maints outrages, bien cruels, quand on a encore au cœur un peu d'honneur et de fierté.

Un jour, je fus appelée chez M. Desrues.

Lui, ne me tutoya pas, comme les autres ; lui, me dit madame ; me parla comme on parle à une honnête femme.

Il entreprit plusieurs tableaux ; un jour, il me demanda une séance de l'après-midi, après la séance du matin ; je demeurais loin ; il sentait que je n'irais pas déjeuner chez le marchand de vin du coin ; il pria sa femme de m'inviter à partager leur repas. Comme je fus heureuse, fière, de cette marque d'intérêt qu'ils daignaient m'accorder tous deux.

Madame Desrues embrassa ma fille, et pendant la séance, lui tailla un petit manteau dans un vêtement à elle, qu'elle voulait supprimer.

Cependant un peintre, ami de Desrues, pénétrant un jour dans l'atelier pendant que je posais, et trouvant sans doute ma tête à son gré, me dit, sans autre préambule : tu viendras poser chez moi, la semaine prochaine, n'est-ce pas, petite? voilà ma carte.....

Je répondis simplement, *non*, en souriant, pour ne pas pleurer.

Vous vous y prenez mal, lui dit Desrues, Madame n'est pas de celles qu'on tutoie...

Allons donc ! lui répond l'autre, question de prix, mon bon ! voyons, la belle, je te garderai à souper... Comment ! tu refuses ? tu veux te faire valoir..... Quel est donc ton prix pour la séance de nuit?

M. Desrues le prit au collet et le jeta à la porte.

Il fallait dire, criait l'autre, qu'elle était déjà au rang de sultane favorite.

Je ne revins pas le lendemain ; ces mœurs de brasserie m'écœuraient !

Cependant son tableau était avancé ; M. Desrues fit appel à ce qu'il appelait mes engagements tacites ; je retournai poser.

Depuis deux mois, mon frère venait moins souvent me voir. Je fus bientôt inquiète du sentiment que son absence développait en moi. Je croyais aimer mon frère d'amitié fraternelle, et le vide que je ressentais au cœur me rappelait les sensations que j'avais éprouvées à l'abandon de celui que j'avais aimé d'amour ; car, moi aussi, j'avais aimé, et si celui-là n'a jamais obtenu que la possession de mon cœur, je le lui avais bien donné tout entier, car le jour où il cessa de venir me dire sa passion et ses souffrances, je fus malade à en mourir.

Est-ce que j'aimerais mon frère comme j'avais aimé Lucien ! J'eus un instant d'épouvante ; heureusement, je fus bientôt détrompée !... Je rencontrai mon frère avec une femme.

Il ne m'aimait donc pas ! Dieu soit loué ! moi non plus, alors. Je n'avais donc jamais eu pour lui que les sentiments d'affection qu'une sœur peut avouer...

Comme j'embrassais ma fille avec effusion ! Avec quel bonheur je lui criais tout bas : ma fille, ma fille, je n'ai pas à rougir devant ton berceau... Dors, dors, mon enfant, tu retrouveras ta mère, au réveil, digne de te sourire.

Un autre danger ne tarda pas à naître ; Léopold Desrues m'aimait. Ma résistance enflammait ses désirs ; le respect qu'il me témoignait lui gagnait mon cœur. Il ne voulait plus que j'allasse poser ailleurs ; il me fallait cependant gagner ma vie ; c'est alors qu'il voulut disposer en ma faveur de quelques pochades, d'aquarelles qu'il m'autorisait à vendre pour me valoir les séances qu'il me faisait perdre.

Une fois sur cette pente, la chute est rapide ; mon

frère aimait, lui aussi ; pourquoi donc hésiterai-je ? et je m'abandonnai.

Mon frère trouva un soir M. Desrues à notre table et se permit de faire, en sa présence, une observation que mon mari, seul, eût eu le droit de présenter. Je résistai ; il osa me menacer, menacer mon amant.

Je le chassai.....

C'est ma faute, Messieurs, j'ai excité sa colère..... S'il l'a frappé, c'est pour défendre l'honneur de la famille ; c'est pour me forcer de rendre à ma fille mon cœur tout entier.

On a parlé d'accès de jalousie, de fureur d'amour...

Oh ! ne le croyez pas, Messieurs, on n'aime pas deux femmes à la fois.

Moi, il m'aime comme il m'a aimée toute petite, comme un grand frère aime sa sœur.... Grâce... Messieurs, grâce ! c'est moi, moi seule qui fus coupable. S'il m'eût frappée, moi, c'eût été justice ! mourante, il eût pu lire, dans mes yeux, son pardon.....

Les sanglots la suffoquent ; l'huissier la ramasse à terre. L'émotion est à son comble, un bruit de mouchoirs gagne de proche en proche.

— Accusé, s'empresse de demander le Président, vous n'avez rien à dire sur la déposition du témoin ?

— Faites sortir le témoin, dit le Président, et entrer M°™ veuve Desrues.

Celle-ci s'avance sous son voile de deuil. C'est une femme belle encore, malgré ses quarante ans, aux traits fortement accentués, à l'expression sévère ; elle a menacé de défigurer sa rivale ; l'éclat de ses yeux permet de croire qu'elle est capable de mettre à exécution sa menace.

Le Président après les premières questions d'usage ajoute : Vous n'êtes, Madame, ni parente, ni alliée de l'accusé, mais vous le connaissiez avant les faits de l'accusation ?

— Le vrai coupable, Messieurs, s'écrie-t-elle d'une voix qui remplit toute la salle, ce n'est pas lui, c'est cette femme... un serpent que j'ai recueilli mourant de froid et de faim, que j'ai réchauffé à mon foyer ; que j'ai couvert du manteau dont je me suis dépouillée ; que j'ai nourri à ma table, dont j'ai caressé, embrassé l'enfant... oui, cette femme...

— Pardon ! Madame, interrompt le Président, tout le monde comprend et excuse l'exaltation de votre ressentiment contre la femme dont vous parlez ; contre celle qui fut la cause du terrible événement qui vous a ravi votre mari ; mais pour mettre un peu d'ordre dans les explications que nous allons vous demander sur les faits et les causes premières de ce drame, veuillez répondre avec calme et le plus brièvement possible aux questions que je vais vous poser : c'est il y a deux ans, n'est-il pas vrai, que M. Léopold Desrues, qui avait rencontré la femme Dumont dans l'atelier d'un de ses confrères, la fit venir chez lui pour poser ?

— Oui, Monsieur ; cette femme est un monstre de perversité...

— Je vous arrête, Madame ; procédons avec ordre.

— Cette femme, Lucie Dumont, avait avec elle sa petite fille, une gentille enfant de trois à quatre ans ?

— Oui ! Monsieur... Oh ! la petite fille...

— Écoutez-moi bien ! Votre mari avait, à plusieurs reprises, reproduit sur la toile de gracieux bébés ; l'enfant lui plut et il lui arriva de prendre alternativement, pour modèle, l'enfant et la mère. Les séances furent naturellement plus fréquentes ; dites-nous à quelle occasion vous consentîtes à admettre, en quelque sorte, cette femme dans votre intimité, à la faire asseoir à votre table ?

— Mon mari avait eu séance le matin ; son travail pressait ; il lui parut utile d'avoir séance dans l'après-midi ; cette femme demeurait loin ; mon mari l'invita à prendre sa part de notre déjeuner.

Je dois avouer que sa tenue fut décente ce jour-là. Elle est, quand elle le veut, très comme il faut. Son jeu était à la prude ; elle a parfaitement tenu son rôle.

— Est-ce que l'occasion de la faire déjeuner avec vous se représenta souvent ?

— Plusieurs fois, oui, Monsieur ; jusqu'au jour où je m'aperçus que mon mari n'avait d'yeux que pour elle et que ses distractions ne pouvaient avoir d'autre cause qu'un amour sérieux.

Nous apprenons, par une triste expérience, à nous y connaître, nous autres femmes d'artistes, en fait d'affections passagères ou durables. Les amours de modèles n'excitent pas souvent notre jalousie ; ça dure une semaine. Une chair nacrée, un sein ferme, bien placé, un œil lascif, excitent le désir ; nous devons fermer les yeux. Peinture et sculpture, comme la blanchisserie, sont des états à femmes.

Mais, là, je compris que c'était sérieux. Je la mis à la porte et je jurai à M. Desrues que je brûlerais la figure à sa dulcinée, si elle remettait les pieds à l'atelier.

M. Desrues travaillait beaucoup ; il ne quittait ses pinceaux qu'à la chute du jour ; elle avait à faire dîner son mari, à coucher sa fille ; ils ne pourraient pas se rencontrer souvent. J'avais la clef de la caisse ; je savais où passait l'argent. Je croyais donc avoir recouvré ma tranquillité.

Mais je m'aperçus bientôt que, sous de vains prétextes, Léopold quittait son travail une ou deux heures plus tôt ; que plusieurs toiles avaient disparu...

J'hésitais cependant à le croire coupable.

Une commande lui est faite par le gouvernement. Il part avec Bérald.

Me voilà bien tranquille ; cinq jours se passent, une dépêche m'appelle : mon mari était mort ! mort assassiné. Tous les journaux nommaient le meurtrier, la maîtresse ; moi, je ne savais rien. J'accours ; qui est-ce qui le veillait à son lit de mort ? Cette femme ! Profanation !

Et je ne l'ai pas étranglée ! Mais ce n'est pas ma faute si elle n'est pas aujourd'hui assise sur ce banc, à côté de celui-ci. N'est-elle donc pas la cause et la complice du crime ?

On a, en effet, dit le Président, aux premiers jours, arrêté la femme Dumont ; Léopold Desrues n'avait pas d'enfant ; le mot testament fut prononcé soit par le témoin Bérald, soit par Mme Desrues ; ce testament pouvait créer pour la femme Dumont un intérêt à la mort de Desrues. On pouvait croire à une complicité. Cette femme était malade par suite des émotions qu'elle avait éprouvées ; on la consigna à l'hôpital où elle fut gardée à vue.

— Mais revenons à l'accusé, Madame ; vous le reconnûtes tout de suite quand on le mit en votre présence ?

— Certainement. Je l'avais vu plusieurs fois chez moi ; il venait chercher sa sœur, à la fin du jour, pour éviter qu'elle traversât, seule, Paris, la nuit, disait-elle ; comme si ce n'était pas son heure de course et de chasse !

Est-ce donc qu'elle l'avait aussi ensorcelé, celui-là ?

Car cette femme, Messieurs, je l'ai en horreur ! Mais si vous saviez ce qu'il y a de charme dans tout son être ; comme elle est gracieuse quand elle pose le sourire ; belle, pour la douleur ou l'indignation ! Ses yeux savent tour à tour, foudroyer ou séduire ; c'est Diane se repaissant du spectacle d'Actéon dévoré par ses chiens... C'est Carmen... Carmen à la voix de sirène : « là-bas, là-bas, dans la montagne, tu me suivrais, si tu m'aimais... »

Des éclats de rire se font entendre dans l'auditoire...

Le Président interrompt brusquement ce dithyrambe qui aurait probablement pris fin par une nouvelle menace d'acide sulfurique : Messieurs les Jurés, dit-il, et l'accusé, n'ont pas de question à adresser au témoin ? Vous pouvez vous retirer, Madame...

Monsieur l'Avocat général a la parole. C'était bien, en effet, un véritable avocat général, un magistrat en robe rouge, qui était venu de Besançon soutenir l'accusation.

L'assassinat de Desrues avait produit une grande émotion ; on voulait, au ministère de la justice, une répression sévère. On avait confié la parole à un magistrat d'expérience et de talent.

Celui-ci, pendant près d'une heure, développa, retourna dans tous les sens cette thèse unique : que deviendrait la société, que deviendrions-nous, si le frère, le cousin, le fiancé avaient le droit de tuer l'homme riche qui cherche une distraction auprès de la fille d'un artisan ? N'est-ce pas assez de reconnaître au mari cette excuse légale ?

C'était là un argument habile qui devait toucher le jury. Plus d'un des douze avait, sans doute, commis semblable peccadille, prenant soin de s'adresser à la fille, à la veuve ; évitant avec soin la femme en puissance de mari.

Mais alors, disait l'Avocat général, il n'y aurait plus de sécurité nulle part !

Cette thèse eut un plein succès ; la parole éloquente du défenseur n'eut aucune influence sur le jury.

Il était sept heures quand les jurés rentrèrent dans leur chambre pour délibérer. Nous sortîmes pour aller dîner.

Une heure après toute la ville était sur la place du palais de justice pour attendre le verdict.

Une immense clameur ne tarda pas à s'élever. Le jury n'avait pas accordé de circonstances atténuantes. L'accusé était condamné à mort !

Des cris, des sifflets accueillirent les jurés à leur sortie, qui se calmèrent un peu quand on sut qu'un recours en grâce avait été, à l'audience même, signé par les douze ; que le Président avait promis d'y joindre son apostille, et d'obtenir celle de M. le Procureur général.

La pluie faisait rage ; on commentait l'arrêt tout en marchant ; un groupe nombreux rentra au salon de notre hôtel. On servit du punch.

— L'accusé s'est trompé, disait le bâtonnier des avocats de Lons-le-Saulnier ; il fallait accepter la jalousie comme mobile. L'amour incestueux du frère pour la sœur est une exception rare, qui ne peut effrayer le jury ; la défense de l'honneur de la famille est une thèse élastique, qui permet, avant de recourir au poignard, de passer par le chantage. Il y a là un danger commun que les jurés redoutent et, par assistance mutuelle, ils condamnent.

— Son frère s'est dévoué pour elle, ajoutait un stagiaire; avec l'éclat et le retentissement de ce procès, la voilà lancée; vingt américains, millionnaires, vont accourir mettre leur cœur et leurs dollars à ses pieds. Le substitut Barbaroux, qui assistait l'avocat général à l'audience, lui a déjà fait des offres.

— Est-elle réellement si jolie que ça, demandait un troisième en vidant son verre, je n'ai pu que l'entrevoir sous son voile?

Le témoin Bérald, répondait un autre, m'a affirmé qu'Henner lui aurait donné cent francs par jour, si elle avait consenti à poser l'ensemble. Sa peau a, paraît-il, tous les reflets de la nacre.

— Et sa taille de vierge, ajoutait un jeune homme barbu, un peintre de l'avenir, aurait créé pour le maître l'occasion de faire un chef-d'œuvre. Pour l'art, son refus est regrettable.

— D'où sort donc la veuve Desrues, demande-t-on, à l'autre bout du salon, est-ce qu'elle a chanté Carmen?

— Ne vous y trompez pas, Messieurs, c'est une beauté de race; artiste jusqu'au bout des ongles, répond le jeune peintre; sa grand'mère a posé pour le *Secret à Vénus* du statuaire Jouffroy...

— Et le vieux mari débonnaire? reprend une voix.

— Transporté aux Incurables... lui répond-on...

— Drôle de monde, tout de même, conclut un gros bourgeois de l'endroit !

Nous avions le mot de la fin sur tous les acteurs de ce drame ; nous montâmes nous coucher ; on nous avait promis que la pluie n'avait plus que quelques heures à durer ; nous partions le lendemain.

De Lons-le-Saulnier à Clairvaux (24 kilomètres).

Clairvaux, hôtel de l'Écu.

Nous allons en quittant Lons-le-Saulnier prendre la route de Genève par Saint-Laurent et les Rousses ; mais Saint-Laurent est à 48 kilomètres et la différence d'altitude est de 652 mètres ; force nous sera de borner notre étape à Clairvaux. Nous n'aurons donc que 24 kilomètres à faire.

Nous consacrons la matinée à revoir bien ensoleillées les principales rues et places de Lons-le-Saulnier et nous partons aussitôt après déjeuner.

Nous remontons la rive droite de la Vallière ; nous entrions dans un pays nouveau ; nous allions aborder enfin ces hauts plateaux du Jura, dont nous apercevions, depuis Dijon, les horizons bleuâtres ; nous rapprocher du Mont-Blanc dont la tête brillante attire et fascine, au point que quelles que soient les magnificences qu'un splendide paysage déroule à vos pieds, si le Mont-Blanc, dans le lointain, le domine, c'est toujours le Mont-Blanc, c'est sa cime étincelante qui fixe et retient les regards.

Nous venions de traverser la vaste plaine qui, des montagnes de la Côte-d'Or, s'étend jusqu'aux contreforts de la chaîne du Jura ; dans deux jours nous allions atteindre une altitude de 1,300 mètres ; mais une étude attentive de la carte ; la comparaison des diverses altitudes des pays que nous avions parcourus et que nous allions parcourir encore, nous avaient permis de faire une réflexion utile :

Quand, sur le trottoir du boulevard des Italiens, on parle d'un voyage en Bourgogne, il semble que, de Dijon à Mâcon, on va trouver de petites collines bien exposées au soleil, où les raisins mûrissent abrités des vents du Nord. La Côte-d'Or, le mot y prête, porte à l'esprit l'idée des hauteurs de Suresnes ou de Champigny-sur-Marne. Si l'on parle, au contraire, d'un voyage dans le Jura ou dans le Dauphiné, Lons-le-Saulnier ou Grenoble, évoquent la pensée de la grande montagne, des altitudes alpestres. C'est une erreur. Lons-le-Saulnier est à la même altitude que Dijon, 250 mètres ; Autun est à 287 mètres et Grenoble n'est qu'à 212. Le mont Beuvray est à 810 mètres, le Saint-Prix est à 902, et les premiers plateaux du Jura ne sont qu'à 600 mètres les plus élevés ne dépassent pas 1,300 mètres ; la Côte-d'Or est une chaîne de vraies montagnes.

Après Conliège, voici Revigny ; nous nous élevons sur le premier plateau du Jura ; nous passons à Nogna et nous descendons à Pont-de-Poitte, dans la vallée de l'Ain. Nous mettons pied à terre, pour aller voir, à Port-de-la-Saisse (ou Sesse) la chute de l'Ain, qui fournit à l'usine des forges de la Saisse au moyen de deux grandes turbines, une force motrice considérable.

A partir de là, le torrent de l'Ain devient navigable ; il va diriger son cours vers le sud-ouest, pour aller se jeter dans le Rhône à Anthon, 30 kilomètres, environ, avant Lyon.

On nous fait voir à Pont-de-Poitte une des plus belles scieries du Jura.

Une heure après, nous sommes à Clairvaux, un chef-lieu de canton situé à 540 mètres d'altitude sur un plateau dominant le vallon du Drouvenant.

Deux lacs, au sud de Clairvaux, écoulent leurs eaux dans le Drouvenant.

Clairvaux a son histoire, une origine gauloise, des remparts datant des Romains, des vestiges d'un ancien château, une église Saint-Nithier, sa promenade du parterre, ses établissements industriels, papeterie, scierie, et autres, et sa montagne de la Rochette, 611 mètres, d'où nous découvrons une belle vue sur la combe d'Ain, les lacs et la ville.

De Clairvaux à Saint-Laurent (24 kilomètres) et à Morez (12 kilomètres).

Saint-Laurent, hôtel de l'Écu.   Morez, hôtel de la Poste.

Nous traversons le Drouvenant et Cogna, nous ne tardons pas à nous élever à 800 mètres et nous parcourons, jusqu'au hameau des Petites-Chiettes, une contrée nue, aride, dominée au nord par un coteau qui nous cache les lacs de Chambly, du Val et de Chalain. Il eût fallu passer une journée de plus à Clairvaux, pour aller visiter le plus grand lac de la Franche-Comté, le lac de Chalain, dont la superficie n'a pas moins de 220 hectares, et les ruines du château qui le dominent.

Nous sommes dans la contrée des lacs. Nous mettons pied à terre ; à notre droite, nous gagnons en quelques minutes le lac de Bonlieu, magnifiquement encadré de rochers, d'arbres, de prairies ; à notre gauche, par une véritable allée de parc qui longe la rivière formée des eaux du Bonlieu, nous arrivons au saut Girard, une chute de 15 mètres ; nous continuons, et le Hérisson dont les eaux iront former plus loin le lac de Chambly et de là gagneront la rivière de l'Ain, se précipite de 40 mètres dans une gorge profonde, au Saut-de-la-Montagne ; nous revenons à droite et au sommet de la Côte-de-Naval, nous avons à nos pieds les lacs de la Motte, de Maclu et de Narlay. Nous rejoignons la grande route qui s'élève à travers les forêts de sapins pour rejoindre Chaux-du-Dombief et enfin, Saint-Laurent à 926 mètres d'altitude.

Saint-Laurent est un chef-lieu de canton de 1,100 habitants, qui nous offre, à l'hôtel de l'Ecu, un réconfortant déjeuner ; mais que nous ne ferons que traverser ; nous irons coucher à Morez ; nous n'avons plus qu'à descendre.

Morez est une ville de plus de 5,000 habitants, sur la Bienne, à 700 mètres d'altitude, ses maisons, bien bâties, forment une longue rue, encaissée par de hautes montagnes. Son industrie de tous genres et de toute nature a fait sa richesse. Horlogerie, clouterie, orfèvrerie, fonderies, scieries, etc., sont réunies à Morez ; le commerce des bois y est important.

En suivant la route de Genève, nous irions aux Rousses et à Gex ; pour atteindre le plateau des Rousses, 1,135 mètres, qui forme le point de partage des eaux, les unes allant vers le Rhin, par le lac de Neufchâtel et l'Aare, les autres, vers le Rhône, par la Bienne et l'Ain, nous aurions suivi le val des Dappes et rejoint le col de la Faucille, en dominant la combe de Mijoux et le cours de la Valserine. Mais nous voulons aller à Saint-Claude. La route de Saint-Claude ne sera pas moins pittoresque.

De Morez à Saint-Claude (30 kilomètres).

Saint-Claude, hôtel de l'Écu de France.

Au milieu de la longue rue de Morez, s'élève tout à coup la route de Saint-Claude, qui s'incline d'abord vers le nord et reprend ensuite la direction du sud ; de Mouille à Longchamps et de Longchamps à Cinquetral, on reste sur le plateau ; puis on redescend à Ravillole et de là à Saint-Claude.

Les hasards de la longue route que nous venons de parcourir nous ont bien servis. Nous arrivons à Saint-Claude un samedi ; nous y passerons le dimanche.

Saint-Claude est un siège épiscopal, une ville fondée sur l'emplacement qu'occupait jadis une ancienne abbaye, un des monastères les plus célèbres de l'Europe. Elle est placée au milieu des solitudes du Jura, entourée de hautes montagnes qui lui disputent le soleil, la lumière.

Nous nous étions fait de Saint-Claude une image

triste, sévère... il nous semblait convenable de la voir dans le recueillement de la prière.

Simple chef-lieu d'arrondissement du département du Jura, elle n'a pas moins de sept mille habitants.

Ses rues sont étroites, montueuses, bordées de maisons à l'aspect sombre, austère. Mais elle a deux rivières, la Bienne et le Tacon, qui la font voir sous les aspects les plus pittoresques.

Louis XI visita plusieurs fois son abbaye; c'est là qu'il eut la joie d'apprendre la mort de Marie de Bourgogne. Louis XIV la réunit à la couronne en 1674.

Sa population se livre à deux industries, la tabletterie et la lapidairerie. Dans toutes les maisons éparses sur la montagne, de Saint-Claude à Septmoncel et de Septmoncel à Mijoux, on taille la pierre fine, voire même la fausse. Dans un même établissement, à Lajoux, deux cent cinquante ouvriers travaillent le rubis pour les montres.

Saint-Claude nous offre à voir sa cathédrale Saint-Pierre; une fontaine dans la rue du Pré; son pont suspendu à 50 mètres au-dessus de la vallée du Tacon; son viaduc au-dessus de la Biénne, sur la route de Saint-Laurent. Notre hôtelier nous donne son fils, un gamin, pour nous conduire aux grottes de l'Ermitage. Une superbe promenade, par un temps splendide, dans un pays dont le souvenir restera profondément gravé dans notre esprit.

Nous irons, le lendemain, de Saint-Claude à Gex. Nous n'aurons pas plus de 35 kilomètres à faire; mais le col de la Faucille est à 1,323 mètres. Nous avons donc à nous élever de 900 mètres. La montée est rude, et on ne nous promet pas un très bon chemin; notre hôtelier nous procurera deux mules qui nous conduiront jusqu'à la Faucille. Joseph partira de grand matin, conduisant ses deux chevaux par la figure. De la Faucille à Gex, nous n'aurons plus qu'à descendre.

De Saint-Claude à Gex (35 kilomètres).

Gex, hôtel du Commerce.

En quittant Saint-Claude, laissant à notre droite la route de Nantua, nous remontons la rive droite du Tacon qui coule à une grande profondeur. Puis la route s'engage dans la gorge du Flumen; cette gorge devient bientôt plus étroite et plus sauvage. Nous apercevons le hameau des Moulins et ses scieries; à la sortie d'un petit tunnel, le paysage prend un grand caractère, nous atteignons bientôt les Moulins, Montépile, Septmoncel; nous traversons un des plateaux les plus froids et les plus tristes du Jura, à une altitude de 1,000 à 1,200 mètres; puis, après avoir franchi la vallée de la Valserine, nous remontons pour gagner le col de la Faucille.

Nous avions fait à Saint-Claude quelques provisions de bouche; nous déjeunons à l'auberge du col.

Le col de la Faucille est court et étroit, les sommets qui le dominent s'élèvent à 1,500 et 1,600 mètres ; à l'extrémité du défilé, un magnifique paysage se développe tout à coup. Nous avons devant nous une grande partie du pays de Vaud, Gex, le lac de Genève, les Alpes, le Mont-Blanc.

« L'instant où, des hauteurs du Jura, je découvris
« le lac de Genève, a dit Jean-Jacques Rousseau, fut
« un instant d'extase et de ravissement; ce paysage
« unique, le plus beau dont l'œil humain fut jamais
« frappé... me jetait dans des transports que je ne
« puis décrire. »

En descendant, la vue s'étend à droite jusqu'à Pougny, jusqu'au fort de l'Ecluse ; nous passons devant la fontaine Napoléon, construite sous le premier empire. Nous découvrons à notre droite, vers le sud, les sommets des pics les plus élevés du Jura, le Colomby de Gex, 1691, le Montoisey, le Cret de la Neige, le Neculet, 1723; à notre gauche, le Furet, 1371; nous arrivons à Gex, et nous attendons, sur sa promenade en terrasse, où nous retrouvons le panorama dont nous avons joui depuis le col de la Faucille, l'heure du souper.

Demain matin nous descendrons à Divonne-les-Bains.

De Gex à Divonne (*10 kilomètres*).

Divonne, hôtel de la Truite.

Nous venions à Divonne pour faire l'ascension de la Dôle.

Il y avait, à cet endroit des notes de M. de Mauperth, une page, tout entière, complètement raturée. Nous parvînmes à la déchiffrer, à reconstituer le texte; nous avons cru, dussions-nous commettre une légère indiscrétion, pouvoir le rétablir; l'héroïne de l'aventure ne nous en voudra pas d'avoir fait savoir au lecteur qu'elle était moins lettrée que Marguerite de Navarre; qu'elle confondait le grec et le latin; sa réputation de jolie femme n'en souffrira pas.

Nous fîmes à Divonne, disait M. de Mauperth, une singulière rencontre; au moment où nous nous entendions avec un voiturier, pour faire, le lendemain, l'ascension de la Dôle, nous nous trouvons en face d'un Monsieur d'âge mûr, traînant à sa remorque une belle fille, à toilette tapageuse, que tout Paris connaît.

Le soir, dans la grande salle à manger de l'hôtel, la table d'hôte était au grand complet. Une des petites tables, dans l'embrasure des fenêtres, était encore inoccupée; le maître d'hôtel nous y plaça. Nous nous trouvions tout près de trois personnages parlant haut, riant fort, ne cherchant nullement à dissimuler leur identité, se jetant à la tête leurs noms, à tout propos : ce cher Monsieur Marcus... disait l'un ; Monsieur Lecomte... répondait l'autre; belle Fernande... interpellaient-ils, tous deux, leur compagne... C'était le vieux Monsieur et la belle fille que nous avions rencontrés le matin, en compagnie d'un troisième convive.

Le garçon qui nous servait paraissait les connaître; ce fut lui, qui, après le repas, compléta, par quelques renseignements, la connaissance que nous avions, et que tout leur voisinage, tant ils parlaient haut, avait pu faire de ces trois intéressants personnages : le vieux, me dit le garçon, c'est M. Marcus, un des héros d'un roman publié, il y a quelques années. Depuis que le bonhomme a vu son nom imprimé dans un livre, le roi n'est pas son égal... il remorque une belle fille de Paris, Fernande Salard, la sœur de Marie Salard, la cousine de Chichinette, vous savez bien... quant à l'autre, c'est un boursier, un farceur qui s'appelle Lecomte... que M. Marcus

ne manque jamais d'appeler Monsieur le Comte...
Il n'est pas sans s'amuser de la simplicité de ce bon
M. Marcus et lui laisse volontiers payer son écot.

Nous connaissions le roman; nous en savions
assez.

Vous avez lu *Chichinette*, n'est-il pas vrai? dirons-
nous, à notre tour, au lecteur (Ollendorff, 1882); si
vous n'aviez pas lu notre roman, ne le dites pas; mé-
nagez notre amour-propre; nous en sommes l'auteur.

Donc, Marie Salard avait une sœur plus jeune
qu'elle de dix ans. Elle l'avait tirée du pays et fait
venir à Paris, pour lui apprendre son métier de cou-
turière, la protéger, la guider dans la vie, avec cette
morale large et facile qu'elle avait, maintes fois,
prêchée à Louise Baral.

Fernande Salard était une superbe créature; elle
n'avait pas tardé à prouver qu'elle saurait bien faire
son chemin toute seule. Un an à peine, après son
arrivée à Paris, elle quittait l'atelier pour prendre
une apparence d'établissement de modes, à l'entre-
sol d'une des plus brillantes maisons du quartier de
la Madeleine; elle avait sa campagne, sa victoria:
elle était lancée.

Sa beauté avait fait une terrible impression sur la
cervelle de M. Marcus. Par suite d'un héritage inattendu, M. Marcus était devenu un rentier cossu. Il

n'avait pas hésité, sans rompre avec Marie, à offrir, à plusieurs reprises, quelque riche cadeau à celle qu'il appelait sa jeune belle-sœur, pour gagner de justes titres à sa reconnaissance.

A quel prix était-il parvenu à la décider de l'accepter pour chaperon pendant une quinzaine de jours? Peu importe; ils faisaient ensemble le tour du lac de Genève.

Mlle Fernande portait une robe correctement boutonnée jusqu'au col, et tout en haut, une broche dont le travail paraissait intéressant.

M. Marcus remarqua que les yeux de M. Lecomte, à plusieurs reprises, se portaient sur la broche de Mlle Fernande.

— Admirez donc ça de près, Monsieur le Comte, lui dit-il à haute voix, faisant le geste de détacher la broche que la belle Fernande s'empressa de lui présenter. C'est une mosaïque. Si vous saviez ce qu'on a eu l'audace de me la faire payer... mais ce bijou paraissait lui faire plaisir... je n'ai pas hésité...

— C'est une œuvre d'art, reprit l'aimable boursier après un premier examen; le bijou est moderne, mais le travail en est fin. C'est une très bonne copie d'une mosaïque ancienne. L'artiste qui a reproduit cette merveille est homme de talent.

— Et un fameux original, ce M. Corona, répondit

M. Marcus en se tournant vers Fernande, un italien, un bellâtre; croiriez-vous qu'en nous vendant cette broche, il lui a fait promettre de la porter à son corsage pendant tout le temps de notre voyage; comme s'il lui avait paru douloureux de se séparer d'elle...

— Ce qui n'étonnera personne, s'empressa de répondre Lecomte, en s'inclinant vers Fernande...

— Oh! vous me faites dire des choses... reprit M. Marcus; je parle de la broche. J'espère bien que Fernande ne s'abaisse pas à rechercher la protection d'artistes, de gens de peu... et d'une conduite...

— Et vous avez apprécié ce travail comme il le mérite, ajouta son compagnon, en examinant la mosaïque avec grand soin, c'est une Vénus au sourire provocant, que découvre un amour aux regards passionnés d'un vieillard à barbe blanche. L'exergue en est très intéressante; on lit distinctement ces trois mots : *Hic venditur Amor.* Un souvenir de Pompéi.

— C'est du grec, s'empressa d'observer Mᵐᵉ Fernande; M. Corona me l'a expliqué. Cela veut dire : Mon amour à la plus belle.

— Du grec ou du latin c'est à peu près la même chose, répondit Lecomte en souriant. Je comprends facilement, madame, que vous, qui savez certainement l'anglais, l'allemand, le russe et le persan;

car Paris est le caravansérail de l'univers, et tout ce qu'il y a d'illustre dans le monde entier s'empresse à vous offrir ses hommages... dans toutes les langues parlées...

— Pour apprécier mes modes...

— Assurément! Je comprends, dis-je, que vous confondiez deux langues mortes, le grec et le latin...

— Et ces mots latins ont bien la signification que m'a donnée M. Corona, ajouta Fernande avec interrogation ?

— Parfaitement! amor, amour... ce n'est pas difficile à traduire... mais j'exprimerai un regret; c'est que vous portiez ce bijou un peu trop haut; sa place indiquée serait à la naissance de la gorge : *hic venditur amor*.

— C'est ce que je lui dis toujours, répliqua M. Marcus. J'aime bien mieux la robe légèrement entr'ouverte.. l'œil aperçoit un peu; l'imagination devine le reste. Si la broche était là, et il mettait le doigt à la place, on comprendrait mieux le fini du travail : *hic, amor*... comment dites-vous?

— *Venditur*, lui répondit Lecomte, en quittant la table et en allumant son cigare. Le lendemain, M. Marcus faisait seul avec son ami l'ascension de la Dôle. Mme Fernande était, paraît-il, un peu fatiguée. Quelque riche étranger lui avait-il offert de lui donner, en russe ou en anglais, une nouvelle traduction de la devise de la broche? Ce bon M. Marcus en parut inquiet tout le jour.

Dès le matin le char classique venait nous prendre à l'hôtel; nous conduisait au chalet; et, de là, pédestrement, nous montions au sommet; à 1,700 mètres au-dessus du niveau de la mer; à 200 mètres au-dessus de la plus haute ligne des plateaux du Jura.

Le sommet coupé à pic, présente une belle terrasse couverte d'un tapis de gazon.

« Ce qui forme un magnifique coup d'œil, du haut
« de la Dôle, a dit Saussure, c'est la chaine des
« Alpes. On en découvre une étendue de près de
« cent lieues, depuis le Dauphiné jusqu'au Saint-
« Gothard. Au centre de cette chaine s'élève le
« Mont-Blanc dont les sommités neigées surpassent
« toutes les autres cimes, et qui même à cette dis-
« tance, d'environ vingt-trois lieues, paraissent
« d'une hauteur étonnante. La courbure de la terre
« et la perspective concourent à déprimer les mon-
« tagnes éloignées et comme elles diminuent réelle-
« ment de hauteur aux deux extrémités de la chaine,
« on voit les hautes sommités des Alpes s'abaisser
« sensiblement à droite et à gauche du Mont-Blanc,
« à mesure qu'elles s'éloignent de leur majestueux
« souverain. »

Le plus magnifique spectacle dont il soit possible de jouir, nous était réservé, au sommet de la Dôle. Jusqu'à notre arrivée, tout était encore plongé dans le brouillard; brouillard léger sur les hauteurs, plus épais dans les parties basses et sur le lac. Tout à coup, comme d'un voile de gaze qui se détache et tombe, les sommets les plus élevés se dégagent; les vapeurs s'enroulent en flocons blanchâtres; les cimes se dorent aux rayons d'un soleil éclatant; les Alpes apparaissent dans leur splendeur; les montagnes moins hautes dessinent bientôt leur contour; les vallées elles-mêmes étalent leurs prairies verdoyantes; les dernières brumes semblent se perdre dans les eaux du lac, et le lac se teinte du bleu le plus intense. C'était splendide.

Quand nous rentrâmes à l'hôtel, le dîner de la table d'hôte était terminé; nous ne revîmes plus la belle Fernande. Nous partions le lendemain matin pour Ferney.

De Divonne à Ferney (11 kilomètres).

Ferney, hôtel de la Couronne.

En quittant Divonne, nous allons à Ferney.

Il est impossible de passer si près du manoir qu'a illustré Voltaire, sans aller y faire une rapide visite;

ce n'est pas que nous professions pour Voltaire, les sentiments d'admiration exaltée dont ses contemporains l'ont enivré et que l'esprit anti-religieux semble avoir réveillés de nos jours... non... ce n'est pas notre Dieu !

Si Voltaire, au lieu de naître en 1694, fut né cent cinquante ans plus tard, il eût certainement, comme normalien, jeté sur l'école, le reflet de ses succès : comme journaliste, fait resplendir la presse des rayons de sa gloire... mais de là à la déification, il y a loin encore... Voltaire a eu le bonheur de traduire dans le style le plus net, le plus clair, le plus séduisant, les aspirations, les entraînements de son époque.

Il n'a pas eu, comme Galilée, l'occasion de s'écrier : *e pur si muove.*

Il prêchait des convertis, qui s'applaudissaient eux-mêmes, en chantant ses louanges.

Il a donné son nom à cet esprit de doute et de scepticisme dans lequel ont été élevés nos pères.

Il a jeté la raillerie et le dédain sur tout ce qui mérite le respect et l'admiration.

Ses fervents admirateurs ouvrent la bouche bien grande quand ils disent : Voltaire ! demandez-leur ce qu'ils savent de lui ; ce qu'ils relisent, à l'occasion, de ses œuvres.

Comme poëte tragique, il ne brille pas au premier rang. Si Tancrède et Zaïre ont jeté le germe du drame larmoyant, ses successeurs ont touché avec plus de vérité la note sentimentale et dramatique.

Quant à ses comédies... passons.

Sa correspondance ?

Pendant toute sa vie, ma grand-mère en eut un volume sous la main, sur son guéridon, le soir... toujours le même...

Elle prétendait que cet esprit vif, pétillant, dégagé de tout préjugé, rendait le sommeil moins lourd, l'engourdissement des sens moins pesant.

Au point de vue littéraire, Voltaire est de mauvais exemple pour les jeunes ; trop indulgent pour lui-même, il n'a jamais pris le temps de se châtier. Au point de vue philosophique, son influence a été néfaste. Il a vulgarisé la formule du picrate et de la dynamite.

En une heure, nous vîmes à Ferney ce qu'il y avait à voir, et après déjeuner à l'hôtel de la Couronne, un omnibus nous conduisit à Genève. Nous connaissions Genève ; mais l'attrait d'une promenade sur le lac nous y attirait.

Après escale à toutes les stations de la rive française, après avoir touché Villeneuve et Chillon, le bateau à vapeur nous ramenant par la rive suisse, nous permit d'admirer, aux derniers rayons du soleil couchant, la vallée du Rhône, déjà, en partie, plongée dans l'ombre par les crêtes des montagnes du Valais ; les cimes du Saint-Bernard, du Cervin, du Mont-Rose.

Qui ne connaît le charme indéfinissable d'une promenade sur le lac Léman ?

Nous revînmes coucher à Ferney ; le lendemain nous allions à Bellegarde.

De Ferney à Bellegarde (28 kilomètres).

Bellegarde, hôtel de la Poste.

Nous partons de Ferney le matin ; nous gagnons Meyrin ; nous rejoignons la route de Genève à Lyon ; sur notre droite, les derniers sommets de la chaîne du Jura nous dominent ; nous traversons Collonges. Les crêtes du Credo s'élèvent devant nous, 1,500 et 1,600 mètres ; nous rejoignons le Rhône, dont les eaux se sont fait un passage au défilé du fort l'Ecluse, entre le Jura et les monts de Vuache.

Sur les escarpements du Credo s'élève le fort de l'Ecluse, 423 mètres ; cette ancienne forteresse des ducs de Savoie, reconstruite et fortifiée, depuis 1824, ferme entièrement l'étroit passage par lequel le Rhône, la route et le chemin de fer pénètrent du vaste bassin du Rhône dans le bassin de Genève. Autant et plus que le fort même, la nature a pris soin de défendre ce passage : *ut facile perpauci prohibere possent*, a dit César.

Au loin, sur la gauche, les Salèves qui dominent Saint-Julien, le Parmelan et la Tournette au-dessus d'Annecy et de Thone, élèvent leurs cimes neigeuses qui s'étagent jusqu'à Sallenches.

La route suit le Rhône, sur la rive droite, jusqu'à Bellegarde. C'est à Bellegarde que nous nous arrêtons pour aller visiter ce qu'on appelait autrefois la perte du Rhône, le beau viaduc de la Valserine, la perte de la Valserine ; enfin, la jonction de la Valserine et du Rhône et les fabriques qu'on a créées en cet endroit, pour profiter d'une force motrice considérable. Nous avons encore le temps de visiter la grotte de Bramabœuf, ses stalactites et sa cascade.

De Bellegarde à Rumilly, par Seyssel (33 kilomètres).

Rumilly, hôtel de la Poste.

La route par Frangy serait un peu plus courte; mais le désir de traverser et d'admirer le Val-de-Fier nous entraîne par Seyssel et Rumilly.

Nous partons dès six heures ; nous suivons le Rhône et la voie ferrée qui remonte de Culoz à

Genève, en passant par Arlod. Un peu avant Billial, la route s'élève sur un plateau qui n'a pas moins de cent mètres au-dessus du niveau de la vallée, passe à l'Hôpital et ne redescend au Rhône que pour entrer à Seyssel, chef-lieu de canton du département de l'Ain, qu'un pont sur le fleuve relie à Seyssel, Savoisien, chef-lieu de canton de la Haute-Savoie.

A partir de Seyssel, le Rhône, qui a recueilli les eaux de la rivière des Usses, devient navigable.

A mi-chemin, entre Bellegarde et Seyssel, à Volant, sur la rive gauche, commence l'exploitation des asphaltes, qui se prolonge jusqu'à Bassy, au confluent de la rivière des Usses.

Nous avons derrière nous le Credo, qui semble fermer entièrement la vallée; le Rhône coule encaissé dans des tranchées si profondes que nous n'apercevons plus ses eaux; la voie ferrée passe fréquemment dans des tunnels qui nous dérobent la fumée de ses locomotives.

Les deux Seyssel réunis ont près de 3,000 habitants; nous n'avons mis que deux heures pour y arriver; nous déjeunons rapidement à Seyssel (Ain). Nous arriverons de bonne heure à Rumilly.

Nous passons sur la rive gauche; nous traversons le Seyssel, Savoisien; la route suit le Rhône, sur une ligne nord et sud, jusqu'au confluent du Fier. A ce point, elle tourne à angle droit, de l'ouest à l'est, remontant le cours du torrent; nous entrons dans le Val.

Le Val-de-Fier, qu'il ne faut pas confondre avec les gorges ou galerie du Fier, au-dessous de Lovagny, a 4 kilomètres de longueur; la galerie de Fier n'a que 250 mètres de parcours.

Nous avons vu, la veille, avant d'arriver à Bellegarde, le Rhône se créer un passage entre le Vuache et le Credo, roulant ses eaux torrentueuses dans un terrain argileux et calcaire; c'est le même phénomène qui se reproduit dans le Val-de-Fier, depuis Saint-André jusqu'au Rhône, le torrent se faisant un passage entre la montagne des Princes et celle du Gros-Fong.

Le torrent de Fier se forme au-delà de Thones, au pied du mont Charvin, à 600 mètres d'altitude. Il contourne Annecy, au nord, reçoit les eaux du lac et grossi du torrent de la Fillière, à 450 mètres d'altitude, il se dirige à l'ouest vers Rumilly; il reçoit les eaux du Cheran, de la Morge, de l'Uzzeran, s'abaissant graduellement jusqu'à 316 mètres et, arrivé à Saint-André, trouve en face de lui le massif des Princes et du Gros-Fong dont les sommets atteignent plus de 900 mètres, les parties inférieures 500 mètres environ.

Il ne lui reste plus cependant que 4 kilomètres à parcourir pour se jeter dans le Rhône ; la pente l'y attire ; l'altitude de la vallée du Rhône, à cet endroit, ne dépasse pas 240 mètres ; une fissure va se produire, les eaux du Fier s'y précipitent, roulent terres, arbres, rochers, renversent ce qui s'oppose à leur passage, se creusent un lit, disparaissent avec fracas dans un gouffre, reparaissent plus loin écumeuses, bondissantes, blanches, bleues, vertes, selon que vient les frapper la lumière du jour, pénétrant avec peine dans les profondeurs du défilé.

Le Rhône, a dit Saussure, s'est creusé un lit dans des terres argileuses et les rochers calcaires qu'il rencontre plus bas ne peuvent mettre obstacle à ses érosions ; il pénètre dans ces roches, il les creuse au point de se cacher et de disparaître entièrement ; c'est là ce qu'on appelle la perte du Rhône.

Cette explication peut s'appliquer au Fier, à partir de Saint-André, jusqu'au Rhône.

On retrouve aux gorges du Loup, près de Grasse, le même phénomène.

La route que les ingénieurs ont créée de 1855 à 1864, dans cette fissure, qui sépare deux immenses montagnes, s'élevant presque verticalement à plusieurs centaines de mètres, est taillée à pic dans les rochers qui la surplombent à une hauteur effrayante, tandis que le torrent de Fier gronde, au-dessous, à une profondeur vertigineuse.

Cette route met en communication Seyssel et Rumilly, le département de l'Ain et la Haute-Savoie, en diminuant l'ancien parcours de plus de 20 kilomètres.

Quand elle n'a pu s'avancer au-dessus du gouffre avec des murs de soutènement assez solides, la route a percé le rocher en tunnel; nous en rencontrons deux, l'un de 32 mètres de longueur, l'autre de 114 mètres.

Si nous étions en Dauphiné, le Val-de-Fier passerait à bon droit pour la huitième merveille.

Nous entrons dans le défilé par les portes de Fier; nous décidons le cantonnier à nous servir de guide. Après la traversée des deux tunnels, il nous fait remarquer les murs qui supportaient jadis une voie romaine. Les Romains avaient apprécié l'utilité de ce passage. Il nous montre au milieu du Val une sorte d'éminence qu'on appelle encore l'Autel des Sacrifices, un souvenir druidique; puis le Pont-Navet, deux rochers qui s'arc-boutant au-dessus du gouffre forment un pont naturel, qui ne mène à rien, pas même à un sentier de chèvres; enfin, au pont de Saint-André, la source minérale qui sourd près de la culée du pont.

Nous avons consacré près de trois heures à notre admiration pour les sauvages magnificences du Val-de-Fier. Il est temps de gagner Rumilly ; nous remontons en voiture. Nous avons retrouvé le grand jour et le soleil. L'élargissement de la vallée par Sion et Vallières ne rend pas l'aspect du pays moins admirable, mais assurément moins étrange.

Nous connaissons les gorges de Trient, près de Martigny, dans le Valais ; le vallon obscur à Nice ; nous regrettons moins de ne pouvoir remonter à Lovagny, pour visiter les gorges de Fier, cette excursion que s'impose tout baigneur allant d'Aix-les-Bains à Annecy.

Rumilly est un chef-lieu de canton très important qui ne compte pas moins de 4,000 habitants. Sa longue rue tortueuse, ses belles maisons à pilastres, ses vastes hôtels, ses respectables édifices courbés par les ans sur les piliers de leurs voûtes ogivales, a dit M. Francis Wey, révèlent une cité qui a mérité sa place dans l'histoire,

Après une visite consciencieuse des maisons et édifices de la ville, nous cherchons à la promenade des Tours un repos bien mérité.

De Rumilly à Annecy (20 kilomètres).

Annecy, hôtel de Genève.

Une route droite et facile nous conduit à Annecy en moins de deux heures. Nous y avons retenu nos chambres à l'hôtel de Genève.

Le Guide du voyageur à Annecy et ses environs, par M. Jules Philippe, nous prouve que deux semaines entières y seraient utilement employées ; les ascensions, les promenades les plus intéressantes s'offrent de tous côtés au voyageur, au touriste ; le voisinage immédiat du Semenoz, du Roc-de-Chère, du Parmelan, de la Tournette, vous provoque ; autour du lac, Menthon, Duingt, Doussard vous attirent ; Menthon où naquit saint Bernard ; sans oublier Talloires, cette terre promise, a dit Eugène Sue, où la température est aussi douce qu'à Nice, à Hyères, à Florence, où le figuier, le laurier, le grenadier passent l'hiver en pleine terre ; sans parler de Thorens et du château de Sales, à 12 kilomètres au nord d'Annecy, qui vit naître saint François en 1567.

Nous passerons deux jours à Annecy, le dimanche et le lundi.

Lundi, Joseph partira au pas avec ses chevaux pour aller nous attendre au bout du lac.

Le lendemain, nous traverserons le lac en bateau à vapeur ; 30 kilomètres nous resteront encore à faire pour gagner Albertville.

— Annecy, aujourd'hui chef-lieu du département de la Haute-Savoie, est une ville de 12,000 habitants, très intéressante à connaître, à visiter à cause de ses canaux, de ses usines, de son vieux quartier aux vieilles maisons de bois, des nombreux voyageurs que le voisinage d'Aix-les-Bains lui procure, sans parler des beautés naturelles de son lac, des montagnes qui l'entourent, du pittoresque de son vieux château qui domine la ville, du magnifique panorama dont il ne faut manquer de se procurer la jouissance en cherchant, en barque, au milieu de la rade, la vue de la ville et des montagnes s'étageant les unes au-dessus des autres.

A l'extrémité du *Jardin public*, nous trouvons la statue de Berthollet, né à Talloires, en 1748, par Marochetti, et la vue du lac dont on a toujours de la peine à se séparer ; près de Saint-Maurice, les restes de l'église du couvent de la Grande-Visitation, le premier monastère de l'Ordre qui ait été fondé par saint François de Sales et sainte Jeanne de Chantal ; à la bibliothèque, des autographes de saint François, du président Favre, de Mme de Warens.

Nous parcourons toutes les rues du vieil Annecy.

ses quais au long des trois canaux, recherchant toutes ses vieilles maisons en bois s'avançant en encorbellement sur la rue, et le soir, une nouvelle promenade nous attire sur le lac, où nous suivons, à quelques centaines de pas en arrière, une barque contenant des jeunes femmes et des jeunes hommes qui, sans beaucoup de méthode, mais avec de belles voix, disent tour à tour, et parfois à l'unisson, des chants et des chansons, des mélodies et des souvenirs d'opérettes, un noël et un lied de vieille facture, tout à l'honneur d'Annecy,.... qui, repris en chœur, ne manquait ni d'harmonie ni de charme..... Le lundi, nous faisons le tour du lac en bateau à vapeur, et la charmante promenade du vallon de Sainte-Catherine.

Du bout du lac d'Annecy à Albertville, par Faverges (30 kilomètres).

Faverges, hôtel de Genève. — Albertville, hôtel Million.

Le bateau partait à huit heures; en moins de deux heures nous sommes au bout du lac. A onze heures nous sommes à Faverges.

Faverges est un chef-lieu de canton de plus de 3,000 habitants qui a des manufactures importantes. Nous nous y arrêtons pour déjeuner, puis nous continuons notre route par Marlens, la vallée de la Chaise jusqu'à Outrechaise et Ugines, et la vallée de l'Arly jusqu'à Albertville, où nous trouvons un excellent gîte à l'hôtel Million.

Albertville, chef-lieu d'arrondissement du département de la Savoie, à 50 kilomètres de Chambéry, est une ville commerçante de 4,500 habitants, située dans un bassin fertile, au confluent de l'Isère et de l'Arly.

Deux bourgs séparés par l'Arly, Saint-Sigismond, sur la rive droite, et Conflans, sur la rive gauche, réunis depuis 1845 par Charles-Albert, ont formé Albertville.

Les quartiers neufs sont percés de larges rues. Plusieurs forts dominent la ville. Conflans conserve les restes d'une tour romaine.

On traverse Albertville pour aller à Sallenches et à Saint-Gervais.

D'Albertville à Montmélian (36 kilomètres) par Gresy-sur-Isère et Saint-Pierre-d'Albigny.

Montmélian, hôtel des Voyageurs.

Nous allons descendre la vallée de l'Isère. Trois routes s'offrent à nous : l'une, sur la rive droite, suit la chaussée élevée pour endiguer le torrent.

L'autre, sur la rive gauche, aboutit à Aiton et à Chamousset, traverse l'Isère pour rejoindre Montmélian. Une troisième se sépare de la première à Bornery, s'élève de près de cent mètres au-dessus de l'Isère, rejoignant les premières pentes des contreforts des monts du Charbon, dont les sommets atteignent rapidement une altitude de près de 2,000 mètres, tels que le mont d'Orchair, la pointe de Chamosseran, la Lanche, la Dent d'Arclusaz dominant la grande vallée de l'Isère de leurs masses imposantes. C'est la route la plus pittoresque, celle que nous suivrons.

La vue s'étend à l'est, au-dessus de la voie ferrée, au-dessus des deux rives de l'Isère, sur plusieurs plans de montagnes dont les derniers sommets conservent des neiges éternelles.

Nous traversons Gilly, Tournon, où nous voyons aboutir en lacets rapides, la route qui descend directement de Faverges ; Saint-Vital, Montailleur, Gresy-sur-Isère, un chef-lieu de canton de 1,500 habitants. Au-dessus d'Albertville, les pointes de la Roche-Pourrie et de Mirantin s'élèvent à 2,300 mètres.

Nous avons en vue, à notre gauche, la pointe de la Grande-Lanche, l'Ebaudiaz, la Thuille, le Petit et le Grand-Arc ; enfin, par intervalles, les glaciers du mont Jouet, de la Tête d'Enclave, de Tré la Tête, couronnent le tableau de leurs cimes neigeuses (3,000 mètres.)

Nous passons à Freterive, à Saint-Pierre-d'Albigny, un chef-lieu de canton de 3,000 habitants, qui a des fabriques, des magnaneries, et où se trouve le point de bifurcation de la voie ferrée qui, traversant l'Isère, passant à Chamousset, va remonter la vallée de l'Arc pour aller à Turin par Modane et le tunnel du Mont-Cenis.

Sur la rive gauche nous découvrons le fort du mont Perchet qui défend les vallées de l'Isère et de l'Arc, Chamousset, et au-dessus du cours de l'Arc, toute la chaîne de montagnes qui dominent Saint-Jean-de-Maurienne et Modane, les crêtes des Grandes-Rousses, la Pointe de l'Argentière, les aiguilles de la Saussaz qui s'élèvent à plus de 3,300 mètres.

Nous croisons à Saint-Pierre-d'Albigny, la route qui remonte en lacet jusqu'à Chatelar, l'ancienne capitale du curieux pays des *Beauges*, un peuple de pasteurs où l'on retrouvait encore, il y a peu d'années, l'ancienne vie patriarchale dans toute sa simplicité primitive.

Nous traversons Saint-Jean-de-la-Porte, Arbin, et nous arrivons à Montmélian, après cinq heures d'un voyage aussi intéressant que pittoresque.

Montmélian est un chef-lieu de canton de 1,200 habitants, qui fut autrefois fortifié. Aussi la ville fut-elle prise et reprise. François Ier s'en empara. Henri IV l'assiégea en 1600. Elle résista à Louis XIII; se rendit à Catinat. Ses vins sont estimés. Plusieurs communes du canton se livrent à l'élevage des vers à soie.

Le chemin de fer de Turin à Chambéry, Aix et Culoz y a établi une station avec embranchement sur Grenoble par la vallée inférieure de l'Isère, la belle vallée du Graisivaudan.

De Montmélian à Grenoble, par la vallée du Graisivaudan et Goncelin. — *Goncelin (30 kilomètres).*

Allevard, hôtel du Parc.

Si nous étions obligés de doubler les étapes, nous pourrions aller de Montmélian à Grenoble en une seule journée, 51 kilomètres, mais quand on voyage dans le plus beau pays du monde, il ne faut se presser ; nous mettrons deux jours ; nous irons à Goncelin en suivant la rive gauche de l'Isère ; nous aurons le temps de monter à Allevard.

Au sortir de Montmélian, la route de Chambéry se dirige vers l'est ; mais nous la laissons bientôt à droite pour aller traverser l'Isère au pond Molland ; l'œil, en plongeant dans la trouée de la voie ferrée, distingue nettement la Dent du Nivolet qui domine Chambéry ; 1,550 mètres.

Voilà les Mollettes ; toute la vallée du Graisivaudan se développe devant nous ; Sainte-Hélène-du-Lac dans son nid de verdure, Laissaud, Pontcharra ; un peu avant de franchir le ruisseau du Breda, qui vient d'Allevard, nous quittons la Savoie pour entrer dans l'Isère, dans l'ancien Dauphiné.

Cette province, composée de plusieurs fiefs, qui avaient fait partie du deuxième royaume de Bourgogne, eut pour premier prince, en 889, le comte Guigue Ier.

Guigue IV, mort en 1142, est le premier prince de cette race qui ait pris le titre de Dauphin.

Ce titre devient lui-même le nom de la province.

Guigue VIII meurt sans enfants en 1332, laissant, pour successeur, Humbert II, son frère. Ce prince, inconsolable de la mort de son fils unique, fait cession de ses états à Philippe de Valois, roi de France, en 1349. Le fils ainé des rois de France prend le titre de Dauphin.

Le Dauphiné était borné par la Savoie et la Bresse au nord, par le Piémont à l'est, la Provence au sud, le Lyonnais et le Vivarais à l'ouest. Nous allons rencontrer ses trois rivières principales : l'Isère qui prend sa source au mont Iserano, sur les confins du

Piémont et de la Savoie, arrose Moustiers, Montmélian, Grenoble et parfois les inonde, et se réunit au Rhône un peu au-dessous de Valence; la Durance qui se forme au mont Genèvre, dans les Hautes-Alpes, passe non loin d'Embrun, à Sisteron, et se jette dans le Rhône en face et un peu au-dessous d'Avignon; le Drac, qui prend sa source au N.-O. d'Embrun et tombe dans l'Isère, au-dessous de Grenoble. Nous parcourrons deux de ses départements, laissant le troisième, celui de la Drôme, sur notre droite, à l'ouest.

A Pontcharra, nous faisons halte pour monter à pied au château de Bayard. L'entrée est flanquée de deux tours qui ont été restaurées il y a quelques années. D'une des salles du premier étage, on jouit d'une vue magnifique sur la vallée du Graisivaudan.

Le duc de Berry aurait eu l'intention, dit M. Ad. Joanne, d'acheter et de restaurer le château de Bayard... M. le baron d'Haussez, ancien préfet de l'Isère, dans ses souvenirs sur le Dauphiné, en 1828, ouvrage offert à Mme de Berry, ne parle cependant pas de ce projet.

On trouve sur le Pont-du-Breda une statue équestre de Bayard, enfant.

Les villages de Pontcharra et de Grignon étaient dépendances de la terre possédée par la famille du preux chevalier, qui, né en 1476, et tué sur les rives de la Sesia, en 1524, fut d'abord inhumé dans le couvent des minimes de la Plaine, près de Grenoble, et rapporté en 1822 dans un tombeau élevé en son honneur dans l'église Saint-André.

Un pont sur l'Isère relie Pontcharra au village de Barraux et au fort du même nom, qui, élevé par Emmanuel de Savoie, en présence de l'armée commandée par Lesdiguières, fut pris par ce général le 13 mars 1598; ce fut l'occasion pour les historiens d'arranger une jolie phrase à la gloire du grand capitaine, destinée, probablement, à prouver qu'il avait autant d'esprit que de valeur :

« Blâmé par Henri IV de son inaction, de ce qu'il laissait le duc de Savoie bâtir le fort Barraux : Votre Majesté a besoin d'une forteresse, en bride de celle de Montmélian, aurait répondu Lesdiguières ; puisque le duc en veut faire la dépense, qu'il la fasse ; dès que la place sera pourvue de canons et de munitions, je me charge de la prendre. »

Lesdiguières fit plus ; il ne se contenta pas du fort Barraux, il conquit la Savoie tout entière.

Peu de temps après nous sommes à Goncelin. Joseph y restera avec ses chevaux.

Nous allons monter à Allevard, par une des plus jolies routes du Dauphiné, sur la rive gauche du

Breda. Vraie route de parc, bien tracée, bien entretenue, d'où l'on découvre, à chaque pas, des points de vue magnifiques, d'abord sur la grande vallée du Graisivaudan, puis sur le vallon de la Rochette, où les montagnes s'étagent, en s'éloignant, les unes sur les autres, jusqu'aux neiges éternelles.

Allevard, un chef-lieu de canton de plus de 3,000 habitants, à 475 mètres d'altitude, a un établissement thermal très important, un haut-fourneau, offre les plus riantes promenades, les excursions les plus intéressantes, de nombreuses ascensions pour les plus intrépides.

Le lendemain matin, l'omnibus nous redescend à Goncelin, où nous arrivons assez tôt pour, avant déjeuner, aller visiter le Touvet, sur la rive droite.

De Goncelin à Grenoble (30 kilomètres).

Grenoble. grand hôtel de l'Europe.

Avant d'arriver à Tencin, l'attention est attirée sur la rive droite par la belle cascade que forme le ruisseau de la Terrasse. Le bourg de Tencin a des fabriques, son torrent et son château, appartenant à l'ancienne famille des Monteynard, et qui avait appartenu à Mme de Tencin, l'auteur du siège de Calais, du comte de Comminge, etc.

Après Tencin, voici Brignoud, le château du

Maz ; dans la montagne, le château des Adrets, qui appartint au farouche baron des Adrets; Lancey, Domène, un chef-lieu de canton de 1,500 habitants, riche par son industrie; enfin Giers, où commence la route qui monte à Saint-Martin-d'Uriage et à Uriage-les-Bains.

Nous entrons à Grenoble par la porte de Trèscloîtres et nous arrivons à l'hôtel de l'Europe, place Grenette, où nous sommes attendus.

J'avais prévenu un de mes vieux camarades de collège, le docteur Blondeau, de notre arrivée à Grenoble. Le soir même, il venait partager notre dîner à l'hôtel.

La ville était très agitée, nous dit-il; nous tombions en pleine période électorale.

M. de Jouvance, conseiller d'État sous l'Empire, avait été pendant de longues années député de l'arrondissement. Son fils se présentait pour recueillir sa succession.

César de Jouvance était, par ses aptitudes, par son éducation, par son esprit élevé, digne en tous points de prétendre à ce mandat.

L'adversaire que les Comités républicains lui opposaient, d'accord avec l'administration supérieure et le préfet de l'Isère, était Delavigne, maire de Grenoble, avocat sans plaider, publiciste sans rien publier, fondateur d'un journal, dans lequel depuis quinze ans, il chantait ses louanges deux fois par semaine ; travail régulier qui lui avait mérité, successivement, le mandat de conseiller municipal, général, d'adjoint au maire et de maire de Grenoble et l'avait convaincu qu'il était appelé à gouverner la France, soit comme député, soit comme sénateur. Sa politique était des plus simples : se f..., c'est-à-dire se moquer de tout et de tous.

Delavigne n'était pas orateur; il avait grand peine à réunir ses idées, ses phrases, ses mots. Présenter, en réunion publique, une profession de foi, lui était impossible. Un député d'un département voisin, du Mazel, un bavard, celui-là, s'était chargé de le recommander aux électeurs. César de Jouvance et lui se suivaient de bourgade en bourgade. Ce soir-là, il y avait réunion publique à Grenoble. Le docteur m'y entraîna.

Du Mazel parla le premier; il prit pour texte de son discours : *des droits de tous les citoyens dans une démocratie*. Le succès était facile. Du Mazel en profita pour se livrer à une véritable orgie de lieux communs et il termina son discours par cet appel aux électeurs : vous ne pouvez pas voter pour M. de Jouvance..., c'est un réactionnaire !

Le Président de l'assemblée donne la parole au second candidat.

César de Jouvance, d'un bond, s'élance à la tribune et dédaignant tout préambule : mes chers concitoyens, s'écrie-t-il, vous venez d'entendre la conclusion de l'avocat de mon compétiteur : vous ne pouvez accorder votre confiance à César de Jouvance, vous a-t-il dit, c'est un réactionnaire...

Dans les temps troublés où nous vivons les mots n'ont donc plus de sens ?

Un réactionnaire ! celui qui a mis en exergue en tête de ses ouvrages : tout pour le travail, tout pour le peuple...

Celui qui prétend qu'un gouvernement véritablement soucieux des intérêts du peuple, doit se préoccuper, avant tout, des améliorations matérielles ; de celles qui touchent au besoin de vivre, d'élever sa famille en travaillant.

Ceux qui nous gouvernent ont-ils fait quelque bien, eux et leurs amis, depuis qu'ils ont le pouvoir? ont-ils réformé des abus, abordé l'étude d'une question intéressant les masses? Se sont-ils préoccupés d'améliorer le sort des faibles ?

Voyez leurs votes ; leurs propositions d'initiative parlementaire, leurs discussions dans les commissions ; ne vous donnent-ils pas, chaque jour, assez de preuves de leur impuissance ?

Avouez, alors, que si la République fatalement

vouée à la domination des médiocrités, doit se trainer dans les ornières du passé, ça été un jour fatal, pour le pays, celui où une révolution, faite en présence de l'ennemi, a détruit en France tout principe d'autorité et de responsabilité, pour livrer notre démocratie au parlementarisme, à la confusion des pouvoirs, à la ruine !

Ne faut-il pas cependant, tenir compte des changements qui se sont produits depuis le commencement du siècle, dans les progrès de la science, dans la fréquence et la rapidité des communications des peuples entr'eux ?

Notre régime d'impôts qui a pu être utile, quatre-vingts ans auparavant, n'est-il pas aujourd'hui suranné ?

Nos impôts indirects ne sont-ils pas pour le producteur, pour l'industriel, pour le commerçant, pour le pays tout entier, un fardeau qui l'étouffe, qui entrave tous ses efforts ?

Parlerai-je des perceptions irritantes des octrois des villes ?

L'Empire avait entrepris d'en décharger le pays ; que mes adversaires me disent donc pourquoi la République n'ose pas reprendre, aborder l'étude de cette réforme.

Toute question d'impôt lui fait peur ; mais le jour

où le peuple, jetant à terre le bandeau qui lui couvre les yeux, comprenant enfin le néant des promesses de ces frelons incapables de travailler à la construction de la ruche, aura rétabli le principe d'autorité, en choisissant lui-même le chef du pouvoir exécutif, il faudra faire place nette en matière d'impôts ; supprimer toutes les taxes, qui pèsent doublement et par l'argent perçu et par le temps perdu, sur la production et la consommation ; supprimer les octrois, renverser les barrières qui s'opposent au développement du commerce ; donner au travailleur la liberté de ses mouvements. Nos impôts indirects n'ont d'autre mérite que de cacher au patient qu'on écorche, l'instrument du supplice. Au point de vue du bien-être général, ne sont-ils pas une entrave à toute amélioration du sort des masses ?

Voilà un vide immense dans les coffres de l'État, me direz-vous ! quelle source miraculeuse le comblera ?

Je n'hésite pas à répondre, dussè-je blesser les convictions des satisfaits de ce monde : la richesse acquise, l'épargne.

Quand un sauvage meurt, son voisin s'empare de son trésor, dépouille ses enfants. Dans un pays civilisé, le mourant doit abandonner une part de son avoir à l'association, pour que celle-ci garantisse à ses enfants la libre possession du reste.

L'impôt est une prime d'assurance ; la prime n'est jamais plus juste et plus facile à payer, que lorsqu'elle a pour but et pour effet de garantir à un des membres de l'association la possession d'un capital appartenant, la veille encore, à un tiers.

C'est une spoliation, criera-t-on, avec effroi...

Assurément !... mais toute perception d'impôt n'est-elle pas une spoliation ? il n'y a pas d'impôt volontaire... sans la contrainte, sans le gendarme, personne ne paierait l'impôt.

Sans doute, l'épargne appartient à celui qui l'a amassée à la sueur de son front ; sans doute, celui-là a été soutenu, dans son ardeur au travail, par son désir de laisser son avoir à ses enfants ; sans doute, il est cruel de prendre une part de ce trésor pour garantir la libre disposition du reste à ses héritiers ; mais il faut que la société choisisse : ou frapper le vivant, l'entraver dans ses efforts pour travailler et vivre, ou atteindre la richesse acquise par un large prélèvement sur le capital successif.

Il est évident qu'il n'y a qu'un gouvernement véritablement fort, qui puisse assumer la responsabilité d'une telle entreprise. La République n'osera jamais, avec calme, avec prudence, avec mesure, en aborder l'étude. N'est-ce pas la condamnation du parlementarisme, sans autorité, sans responsabilité ?

Nous n'avons pas encore tout dit :

Nous voudrions qu'après avoir fait tout ce qu'il est sage de faire pour améliorer le sort du producteur et du consommateur ; qu'après avoir rendu, au peuple qui travaille la vie plus facile, on sût l'amener au respect de soi-même, par la satisfaction du devoir accompli.

Nous voudrions que tous les citoyens qui sont, aujourd'hui, égaux devant l'obligation du service militaire, fussent égaux devant l'obligation de participer aux charges communes, égaux devant l'impôt.

Nous voulons la création d'un impôt de capitation, minime pour le pauvre, s'élevant par degrés pour le riche, proportionnellement à ses forces, à son luxe, au loyer de ses habitations multiples ; mais *sans le paiement duquel il n'y aura pas délivrance de carte d'électeur*.

Qu'en résultera-t-il ?

Si parmi ceux qui vendent leur vote pour un verre de vin, plus d'un a négligé d'aller payer les douzièmes échus ; si plus d'un déclassé, fruit sec de nos lycées et de nos écoles, se trouve dans le même cas, pourront-ils se plaindre ?

Non... leur répondra-t-on : Égalité pour les droits; égalité pour les devoirs.

La société doit à tous aide et protection ; elle doit

assurer à celui qui arrive nu sur la terre, un toit qui l'abrite, un vêtement qui le couvre elle doit faciliter à tous la possession d'un instrument de travail et ne pas prélever sur son labeur un impôt qui l'écrase ; la charité chrétienne et la fraternité sociale nous l'imposent ; mais la société a une autre obligation, celle d'enseigner ses devoirs à tous et de tenir en méfiance ceux qui les méconnaissent.

Défendre la patrie par les armes ; aider l'association par le paiement de l'impôt, dans la mesure de ses forces, voilà le devoir de tout citoyen.

Respectons le droit pour tous de participer à l'administration de la chose publique, mais ne craignons pas d'écarter du scrutin ceux qui se refusent à remplir les devoirs auxquels l'association nous oblige.

Les ouvriers, remplissant le parterre et les galeries hautes de la salle, qui avaient vivement applaudi la première partie de cette harangue, accueillirent plus froidement la théorie du droit de vote subordonné à la quittance du percepteur ; mais l'hésitation de la portion bourgeoise de l'assemblée lui rendit confiance. Les bourgeois, en effet, que les lieux communs ont le don d'émouvoir, ne se passionnent jamais pour ce qu'ils n'ont pas vu ou entendu répéter cent fois ; toute théorie nouvelle les surprend, les étonne, les met en défiance. Ils trouvaient l'orateur hardi, téméraire ; et leur silence encouragea les ouvriers à donner le signal des applaudissements.

Mais le succès de César de Jouvance fut plus complet encore, lorsque, dans le développement de la troisième proposition de son discours, il ne craignit pas d'affirmer que la gratuité des fonctions électives était la sauvegarde des erreurs du suffrage universel, le correctif de ses écarts.

Les ouvriers applaudirent à outrance ces vers de La Fontaine :

> Apprenez que tout flatteur
> Vit aux dépens de celui qui l'écoute.

Quinze années de confiance aveugle dans les vaines promesses des avocats sans cause, des médecins sans malades, des fruits secs de nos écoles ont mûri leur expérience et leur ont prouvé que l'ouvrier législateur n'est qu'un leurre. L'orateur fut vivement félicité.

Du Mazel et Lavigne avaient quitté la salle avant la fin de la séance.

Dans cette soirée, le docteur m'avait présenté à plusieurs de ses amis.

L'un d'eux, M. Descours, voulut absolument se

charger de nous faire faire, avec Mᵐᵉ Descours, Mᵐᵉ Blondeau et quelques autres personnes, l'excursion de la Grande-Chartreuse.

Le docteur insista d'autant plus pour me faire accepter, que ses occupations, l'hôpital, le lycée, sa clientèle l'empêchaient de nous servir de guide pour visiter Grenoble. Il devait s'en rapporter, pour ce soin, à sa femme.

M. Descours était l'homme nécessaire de toute partie de campagne ; il se chargea de tout : voiture, provisions de bouche, itinéraire ; nous n'eûmes qu'à nous laisser conduire. De sept heures du matin jusqu'à dix heures du soir, la journée fut si bien remplie, que nous n'eûmes pas le temps de sentir la fatigue ; mais force nous fut d'accepter, pour le lendemain, l'invitation à dîner de Mᵐᵉ Descours.

Mᵐᵉ Descours était une femme de quarante et quelques années ; longue, sèche, laide et couperosée ; femme, en premières noces, d'un apothicaire de Grenoble, M. Larousse, qui avait transporté plus tard, à Paris, son officine et la vente d'un rob antisyphilitique de son invention, elle avait, disait la chronique, vivement apprécié les mérites d'un de ses élèves en pharmacie, M. Descours, et n'avait pas hésité, après la mort de son mari, à l'épouser, à partager avec lui la jouissance d'une fortune de plus de quarante mille livres de rente.

Mᵐᵉ Descours était plus agée que son second mari ; en femme prudente, elle avait, pour conserver la clef de sa caisse, adopté le régime de la séparation de biens; Paris lui paraissant un séjour plein de tentations pour un homme encore jeune, elle s'était empressée de l'emmener au pays de ses pères. A Grenoble, la vie est calme ; la surveillance y serait plus facile.

Mais à Grenoble, comme ailleurs, le diable ne perd jamais ses droits, et, si le bandeau que l'amour avait posé sur les yeux de Mᵐᵉ Descours l'empêchait de se rendre compte de toutes les infractions commises par le successeur de M. Larousse au serment de fidélité conjugale, on n'hésitait pas, dans son entourage, à croire la pauvre femme victime de plus d'une infortune de ce genre.

Mᵐᵉ Descours n'avait pas tardé à conquérir dans la capitale du Dauphiné de nombreuses relations de société ; sa situation de fortune, sa participation à toutes les œuvres charitables, son dévouement, sa générosité dans maintes occasions, l'avaient fait admettre dans la quasi-intimité de plusieurs dames de la haute société du tribunal et de la Cour. Madame la Première daignait lui faire visite au moins deux fois l'an. On eût été tout disposé à oublier son passé, si elle n'eût semblé se plaire à rappeler fréquemment l'origine de sa fortune, ses drogues, sa boutique.

Etait-ce par un sentiment de modestie, était-ce par reconnaissance pour son premier mari, pour celui qui, par son travail, par son génie inventif et commercial, l'avait tirée de sa médiocrité ? Il eût été difficile de le dire.

Quand j'étais dans la pharmacie..., répétait-elle à tout propos, je faisais telle chose... Je ne pouvais me permettre cela...

Lui faisait-on compliment de la détermination qu'elle venait de prendre de confier son fils, le jeune Guy Descours, âgé de huit ans, à une institutrice allemande : *quand j'étais dans la pharmacie*, se hâtait-elle de répondre, je n'avais qu'une bonne ; je l'aidais au ménage, et je n'étais pas sans donner un coup d'œil à la cuisine... M. Descours me rendra cette justice, ajoutait-elle, en se tournant vers son mari, que chez M. Larousse, la nourriture a toujours été saine et abondante.

M. Descours, qui n'était pas flatté de ces retours fréquents à de vieux souvenirs, s'empressait de détourner la conversation ; mais tout était prétexte pour y revenir, et le *quand j'étais dans la pharmacie* se retrouvait, vingt fois par jour, dans la bouche de

Mme Descours, qui prononçait cette phrase avec pompe, avec respect d'elle-même.

Madame la Première lui savait gré de cette humilité... toute chrétienne.

— L'humilité n'y est pour rien, objectait l'avocat Dinard ; *quand j'étais dans la pharmacie* n'a d'autre but que de rappeler M. Descours au souvenir des bienfaits, à la reconnaissance due... Ne l'a-t-elle pas appelé à la survivance du défunt ; ne lui a-t-elle pas confié le secret du rob antisyphilitique Larousse ? et une fois sur cette pente, les commérages allaient grand train.

Pauvre Descours ! n'allait-on pas jusqu'à dire que sa femme ne consentait à renouveler le fonds de sa petite bourse, son argent de poche, que lorsqu'il avait été lui-même exact à renouveler les preuves d'affection qui, huit ans auparavant, avait donné à la France un fils de plus, le jeune Guy Descours.

Descours, ajoutait-on, est homme de valeur ; car, malgré son obéissance à ses devoirs, on pourrait citer plus d'une jeune gantière à qui il a prodigué les preuves de son amabilité.

C'est un habile, disaient les mieux informés; c'est lui qui vient de déterminer sa femme à donner à son fils une institutrice, chargée de jeter dans cette jeune intelligence les principes de la langue allemande et un peu de distraction dans l'existence monotone du successeur de M. Larousse; mais ce qu'on ne savait pas, ce qu'on ne disait pas encore, c'est que cette fille, jeune, fraîche, presque jolie, très désireuse, comme toutes les allemandes de sa condition, d'amasser, le plus vite possible, une petite dot, pour rejoindre au pays l'amoureux de ses rêves; résolue à s'imposer tous les sacrifices pour y parvenir; comprenant que Descours n'est pas riche en espèces sonnantes, lui tenait la dragée haute : non, non! rien ici, pas dans la maison, répondait-elle; commencez par me mettre dans mes meubles, nous verrons après... Qu'enfin, Descours, forcé de recourir à des prodiges d'habileté pour convaincre sa femme qu'ils devaient renouveler le mobilier de leur salon, y ajouter des bronzes, des objets d'art, avait obtenu du tapissier de Lyon, chargé de la fourniture, un forcement de tous les prix, qui permettait de fournir, en même temps et sans bourse délier, les meubles de Mlle Kressence Kaiser. Avis venait de lui être donné que les deux mobiliers avaient été expédiés le matin même et, ce soir-là, Descours était étourdissant de bonne humeur.

Les hommes fumaient au jardin; Mlle Kressence servait le café.

— Quelle imprudence! dit à voix basse, le docteur Blondeau ; ce n'est pas ma femme qui donnerait à son fils une maîtresse d'allemand si jeune et si jolie !

Mlle Kressence le regarda dans les yeux et sortit souriante.

— C'est une bonne œuvre, répondit Descours ; elle appartient à une honorable famille, que des malheurs immérités ont frappé...

— Oui, oui ! la fille d'un pasteur... de nombreux enfants... je connais ça, interrompit Blondeau.

— Celle-ci s'est dévouée, continua Descours ; elle est venue chercher loin des siens...

— Secours et protection, interrompit encore Blondeau ; et tu ne demandes qu'à lui accorder ta protection...

— Plus bas, mon ami, plus bas ! tu la calomnies...

— Ah ! vous en êtes déjà là ?.. Vertueuse Allemagne !

— Silence ! voici ces dames.

— Laissons les hommes seuls pendant cinq minutes, s'écria Mme Blondeau, en s'approchant du groupe, nous sommes sûres qu'ils en sont déjà aux confidences que nous ne pouvons, décemment, entendre.

— Pauvres femmes ! sommes-nous assez trompées! dit, à son tour, Mme la conseillère Ribour, en interrompant le flirtage auquel elle se livrait avec l'avocat Dinard.

Les hommes de se récrier..

— Ah! vous voulez des preuves, reprend Mme Ribour? Mme de Lavedan plaide en divorce ; vous savez pourquoi? Et madame Doineau... Pauvre femme! huit jours après ses noces, M. Doineau, retournait à sa maîtresse; il lui avait juré de ne rien changer à leurs habitudes, dès qu'il serait marié. Ce n'est pas du Zola, cela; c'est de l'histoire. Mon mari est conseiller rapporteur.

Et Mme Mollier, la femme du notaire de Lons-le-Saulnier?

Une fortune de deux millions en biens fonds! les plus beaux bois, les plus belles fermes du département; tout est perdu, vendu... elle est complètement ruinée.

— Je croyais que Mme Mollier avait été mariée sous le régime de la communauté réduite aux acquets, hasarde timidement le notaire Delvaux?

Mme Descours se rapproche et paraît prendre un vif intérêt à cette conversation. M. Descours se trouble : nous allons faire un whist, s'écrie-t-il bruyamment, allons, Mesdames, au trente-et-un!

Le docteur Blondeau soutient la diversion ; mais

Mme Ribour, que son sujet enflamme : tous les régimes du monde n'y font rien, répond-elle au notaire ; le monstre n'a-t-il pas eu l'infamie de spéculer sur l'affection passionnée de sa femme (elle l'adorait cette chère belle), pour lui arracher son consentement à la vente de toutes ses propriétés, l'une après l'autre ? Dites-leur donc ça, M. Dinard, vous connaissez l'histoire aussi bien que moi.

— Une histoire ravissante, reprit Maître Dinard, en dodelinant son gros ventre et en tirant une bouffée de son londrès ; la belle, comme l'appelle, à tort, Madame la conseillère ; elle est loin de l'être...

— Je vous l'accorde, répond, en minaudant, Mme Ribour ; mais ce n'est qu'une circonstance atténuante...

— Mollier, depuis longtemps, continue Maître Dinard, se faisait tirer l'oreille pour accorder à sa femme le tribut d'affection et d'hommage que tout mari a juré, par devant M. le Maire, de lui réserver sans partage.

— Oh, oh ! bien folle qui s'y fie, murmure-t-on dans le groupe des dames.

Mollier fit ses conditions ; chaque fois que...

Comment dirai-je ?

Permettez-moi, Mesdames, d'invoquer un souvenir classique ; c'est Dumas... c'est Mme de Terremonde qui me l'inspirent :

La femme est une divinité; le lieu où elle repose, un temple; son époux en est le Grand-Prêtre...

Chaque fois, donc, que la divinité, dont nous parlons, trouvait désirable que son Grand-Prêtre entrât dans le temple pour y faire ses dévotions, c'était elle qui payait les frais du culte... par respect de ce principe : le prêtre vit de l'autel... c'est à ce jeu-là qu'elle s'est ruinée... si nombreux devaient être les exercices de piété qu'elle exigeait !

— Oh ! oh ! oh! s'écrie-t-on, gaiment, de toutes parts.

— Mon Dieu ! oui, continua Dinard, chaque fois, la pauvre femme signait son consentement à la vente d'une pièce de terre, d'un bois, d'une ferme.

— Au whist, au whist, crie de nouveau Descours, en présentant une carte à chacun... Dinard, vous avez l'as... à table...

Mesdames, au trente et un...

— Oui, oui, tout à l'heure, répondent ces dames, la fin de l'histoire !

— La fin, répond Dinard, c'est bien simple; les terres, les bois, les fermes, les maisons de ville furent en quelques années vendus et mangés. Ses affaires forçaient Mollier à de fréquents voyages à

15

Lyon. Danseuses, chanteuses d'opérettes, divas, soubrettes et grandes coquettes eurent bientôt tout dévoré. Rien, plus rien ! Mollier cherche une position de vieux maître clerc à Paris; sa femme, de lectrice chez un célibataire...

— Vous oubliez le plus joli, reprend étourdiment Mme la Conseillère; dans un de leurs voyages à Lyon, n'était-il pas parvenu à convaincre la pauvre femme qu'il voulait, par amabilité pour elle, renouveler complètement le mobilier de leur salon ? Il leur fallait des bronzes, des tableaux, des objets d'art... On vendrait un lopin de terre... Il traita l'affaire avec un tapissier...

— Au whist, au whist ! interrompt Descours avec furie, allant, venant, joignant l'un, prenant l'autre par le bras, faisant un tapage infernal...

— Taisez-vous donc ! dit Mme Descours, en pinçant les lèvres et ? ajoute-t-elle, avec un accent d'interrogation...

— Et, le tapissier, continue Mme Ribour, avait assez enflé son mémoire, réglé, taxé, d'ailleurs, par un vérificateur habitué à des opérations de ce genre, pour fournir, sans frais, le salon, soie et velours, d'une demoiselle Cora.

— Quelle horreur ! s'écria-t-on en chœur, dans le groupe féminin.

— Invraisemblable ! répondit-on, avec le même ensemble, du côté des hommes.

Mme Descours était songeuse. Descours cherchait à s'étourdir, en étourdissant tout le monde.

Kressence Kaiser écoutait anxieuse à la porte.

— *Quand j'étais dans la pharmacie*, dit à haute et lente voix Mme Descours, on mettait à honneur de mourir dans les meubles qui avaient été témoins de son bonheur... de son mariage. M. Larousse n'était pas homme à se faire faire des remises par un tapissier !

Le lendemain, les deux wagons contenant les mobiliers des Descours et de Kressence Kaiser retournaient à Lyon sans avoir été ouverts et l'institutrice allemande demandait son congé.

Mme Blondeau s'était chargée de nous faire visiter Grenoble et de détruire, autant que possible, la fâcheuse impression qu'avait produite sur nous la lecture de l'ouvrage du baron d'Haussez, en nous prouvant que depuis 1828, Grenoble avait beaucoup gagné.

« Le baron d'Haussez a dit, en effet : la ville a
« plusieurs belles places, quelques rues bien ali-
« gnées, mais peu d'édifices vraiment dignes d'at-
« tirer les regards. La cathédrale ? le chœur est
« beau ; mais le reste ne présente que des détails
« mesquins...

« Quant au palais de justice : la Cour siège
« dans l'ancien palais des Dauphins qui ne doit
« qu'à quelques détails très finis, une sorte de
« réputation bientôt détruite par le manque ab-
« solu d'ordre et de composition dans son en-
« semble. »

Mais le baron d'Haussez écrivait cela en 1828, et, depuis soixante ans, Grenoble, qui est une ville riche, industrielle, de plus de 42,000 habitants, s'est complètement transformée.

Si ses monuments, dans tout l'éclat de leur neuf, ne méritent pas l'admiration des antiquaires, ils prouvent au touriste l'ardent désir de ses habitants, de ses administrateurs, de se mettre au niveau de la civilisation moderne, de nettoyer ses vieux quartiers, de donner aux nouveaux le luxe auquel, partout, on aspire aujourd'hui.

Grenoble était une ville de premier ordre, qui commandait le passage de la vallée de l'Isère ; aujourd'hui, les forts des Quatre-Seigneurs et de Montavie qui la dominent au sud ; du Bourcet, de Rabot, de la Bastille et du Saint-Eynard, au nord, rendraient le passage et l'occupation impossibles.

La ville, qui s'est développée sur la rive gauche de l'Isère a, vers 1832, renversé ses murailles pour s'étendre ; aujourd'hui, elle éprouve le besoin de les éloigner encore, pour renfermer dans son enceinte le quartier de la Gare.

De ses ponts et de ses quais, on découvre d'admirables points de vue ; notre voyage dans la vallée du Graisivaudan ; avant-hier, encore, notre excursion à la Grande-Chartreuse, par Voreppe, et Saint-Martin-Vinoux, d'où la vue s'étend sur la vallée inférieure de l'Isère et la vallée du Drac, nous dispensent de monter à la Bastille, au fort Rabot, de faire l'ascension du mont Ralhais, où nous ne pourrions qu'aller chercher de nouvelles preuves d'une situation vraiment exceptionnelle, contempler à nouveau un des plus beaux panoramas qu'il soit possible de rencontrer.

Une bonne voiture nous transporte en peu de temps de l'est à l'ouest, du nord au sud de la ville, du Drac à l'Isère, de la Porte-de-France à la porte Saint-Laurent, de la promenade de l'Ile-Verte au cours Saint-André, de la place Saint-André à la place de la Constitution, nous faisant voir, en passant, l'hôtel-de-ville, son jardin, le théâtre, le palais de justice et la préfecture, le musée, la bibliothèque, la statue de Bayard sur la place Saint-André, celle de Vaucanson et la fontaine de la place Notre-Dame.

Nous vîmes ensuite à la bibliothèque le manuscrit des poésies de Charles d'Orléans, père de Louis XII, quelques objets d'antiquités, les bustes de Condillac, de Mably, de Vaucanson, du pape Benoît XIV, de Barnave par Houdon, du général Desaix par Pradier, de Casimir Périer, les portraits de Bayle et de M*me* Deshoulières, du poète Gentil Bernard, tous nés à Grenoble.

Largement enrichi par Napoléon I*er*, le musée de Grenoble a pris un des premiers rangs parmi les musées de province.

Une des faces du bâtiment, style pompéien, qui renferme le musée et la bibliothèque, donne sur une rue Lesdiguières. Cette plaque indicative du nom de ce grand homme de guerre serait-elle la seule marque de reconnaissance des habitants de Grenoble pour le connétable ?

Le Louvre a le pavillon Lesdiguières... la ville de Grenoble si pleine de souvenirs du compagnon de Henri IV, de celui qu'on appela le roi du Dauphiné, qui maintint cette province dans l'obéissance, rendit Grenoble au roi et conquit la Savoie... de celui que le Béarnais appelait le premier capitaine de l'Europe ; qui fut fait connétable par Marie de Médicis ; Grenoble croit-elle avoir payé un juste tribut de reconnaissance à Lesdiguières, en mettant aux quatre coins d'une rue, une plaque émaillée portant son nom ?

C'est à lui que cette ville a dû ses quais sur l'Isère ; le Dauphiné tant d'autres travaux utiles...

« *Viendrez, si non brûlerai*, c'était une menace
« brutale, il faut le reconnaître, a dit le baron
« d'Haussez, mais avec cette menace, il ouvrait des
« routes, construisait des ponts, doublait l'étendue
« de la ville de Grenoble.

« Grand guerrier, politique profond, il avait la
« conception des vrais intérêts des peuples et la per-
« sévérance qui font le véritable administrateur ».

De tous côtés, les environs de Grenoble méritent l'attention du touriste. Dans quelle province de France trouvera-t-on une contrée où la population soit plus dense, plus agglomérée? N'avons-nous pas vu dans la vallée du Graisivaudan nombre de villages de plus de trois mille habitants? A côté du château, si pittoresque au flanc de la montagne, l'usine est là, mettant à profit la force motrice du torrent.

Voiron n'est qu'un chef-lieu de canton ; Voiron, avec ses fabriques de toile, de papier, ses fonderies, l'importance de ses marchés, a groupé plus de 10,000 habitants. Voreppe, un simple bourg, en a près de 3,000 ; Vizille, un autre chef-lieu de canton en a 4,000. Le château de Lesdiguières pouvait renfermer une armée entière ; une armée de travailleurs font aujourd'hui la prospérité de Vizille. Parmi toutes les excursions à faire autour de Grenoble, nos amis et les Descours nous avaient fait choisir Sassenage ; nous allâmes voir les cascades du Furon, ses cuves, le four des fées, le château de Sassenage, son Murillo, ses tapisseries des Gobelins, et dans une chapelle de l'église, la dalle noire, sans inscription, sous laquelle repose Lesdiguières, qui de protestant s'est fait catholique pour être connétable, comme Henri IV pour être roi de France. La révolution a dévasté le premier tombeau de Lesdiguières, qui avait été inhumé dans la chapelle de son château, à Saint-Bonnet-de-Champsaur, dans le haut Dauphiné, en 1626. Ce n'est qu'en 1822, qu'on rapporta dans l'église de Sassenage quelques cendres recueillies à Saint-Bonnet, comme on rapportait dans l'église Saint-André de Grenoble, quelques cendres recueillies dans les ruines du couvent des Minimes de la Plaine, qui avaient pu être les restes de la dépouille mortelle du chevalier sans peur et sans reproche.

Nous quittions Grenoble, le lendemain.

Le soir, nous dînions chez nos amis, avec les Descours, Mme la Conseillère Ribour et l'avocat Dinard, qui nous avaient accompagnés dans notre promenade à Sassenage. Maître Dinard ne recule pas devant une anecdote un peu risquée : n'oubliez pas, nous dit-il, au moment des derniers adieux, de regarder, sur votre gauche, après avoir dépassé le hameau de Séchilienne, un petit pavillon bâti, à quelques cents pas de la route, à l'angle du parc qui entoure le château de Nesles; c'est là que la baronne de Tourette, pendant quinze ans, convoqua, tour à tour, les jeunes amis de son vieux mari.

L'histoire du baron serait d'ailleurs assez commune, si l'incident du mouchoir à la verveine ne venait l'égayer un peu :

Un jeune magistrat du tribunal de Grenoble avait succédé, dans les bonnes grâces de la dame à un avocat général, qui lui-même tenait la place d'un conseiller de préfecture, qui lui-même... et ainsi de suite, comme dans l'échelle de Jacob; la baronne avait vingt-cinq ans, quand elle fit construire le pavillon ; elle en avait alors bien près de quarante.

Charles Lacroix était un jeune et brillant cavalier ; dans son enthousiasme, trois fois, par semaine, il dévorait à cheval, quatre lieues à l'aller, quatre lieues au retour, pour posséder, une heure, dans leur abandon le plus séduisant, les charmes de sa voluptueuse et expérimentée maîtresse.

Un kiosque de parc, si mystérieux soit-il, si bien à l'abri des regards indiscrets, ne vaut pas une bonne chambre avec son verrou, un bon lit et les ressources du cabinet de toilette, à côté...

Cher ange, prêtez-moi donc votre mouchoir, dit, un jour, tout bas, la baronne à son jeune ami, et Charles lui donna son mouchoir, un mouchoir de fine batiste, tout imprégné d'essence de verveine, le parfum que préférait la baronne. Puis il le remit, pieusement, dans sa poche, heureux d'emporter comme souvenir de son adorée, le lin qu'avaient effleuré ses lèvres, les lèvres roses qu'il avait couvertes de ses baisers !

Le soir même, le jeune Lacroix, dînait chez sa tante, Mme de Grandval, avec quatre ou cinq jeunes filles, ses cousines, les frères de celles-ci et quelques intimes. Il était en retard ; dans sa précipitation, il a plongé dans la basque de son habit le mouchoir qu'il avait le matin.

Après dîner, la chaleur était pesante ; le premier effet d'un repas copieux, la fatigue du jour, de trente-deux kilomètres à cheval, d'exploits renouvelés sans compter, avec la fougue et l'insouciance de la jeunesse, tout contribuait à faire perler sur son front ce que nous appellerons, par euphémisme, des gouttes de rosée.

Charles sans penser à rien, prend son mouchoir pour s'éponger le front, le mouchoir qui... comment dire ? le mouchoir que... le mouchoir, enfin, que vous savez... mais avant qu'il eut eu le temps de s'en servir, la plus jeune et la plus espiègle de ses cousines s'en était emparé. Elle y plonge son frais visage ; en hume les parfums : ce Charles, s'écrie-t-elle, il n'y a que lui, pour découvrir de pareilles odeurs ! nous, nous avons de l'essence de mille fleurs, de l'eau de Lubin, de l'herbe des prés, de la violette de Parme ; non... ce n'est pas ça... tenez, dit-elle à ses compagnes, tenez ma tante, dit-elle à Mme de Grandval, sentez... et Mme de Grandval de sentir et toutes les jeunes filles de plonger leur petit nez dans le mouchoir embaumé, de s'exclamer sur l'excellence du parfum, et la tante de dire : c'est un composé inexplicable d'aromes divers...

Oh ! Charles, dis-nous ce que c'est ! s'écrient en chœur les cinq jeunes cousines. Charles a rougi, Charles ne sait que répondre... son cousin Pierre vient à son secours : laissez-le donc tranquille ; je vais vous dire ce que c'est, ma tante : c'est de la verveine ; mais de la verveine composée avec les fleurs qui ne poussent que dans le parc de la baronne de Tourette ; l'avocat général Mossermam en avait comme ça... Busson, aussi, et d'autres avant eux. Des rires sonores éclatèrent dans le jardin, où les hommes fumaient leurs cigares.

La situation était délicate ; Charles se trouble ; mais les mille questions des jeunes filles au cousin Pierre, lui donnent le temps de se remettre et il peut, avec le plus grand sérieux, leur promettre à toutes de l'essence, composée avec la verveine de la baronne, et quelques autres fleurs aromatiques de même provenance.

M°™ de Grandval n'insista pas sur les inexplicables aromes...

Depuis ce jour, le kiosque a pris, dans le pays, le nom de pavillon de la Verveine. Au milieu des rires, que provoque ce récit, des exclamations de toute sorte, nous nous séparons de M. et M™ Blondeau et de leurs amis. Nous partions le lendemain dès la première heure ; nous allions à Vizille.

De Grenoble à Vizille par Uriage (21 kilomètres).

Vizille, hôtel Terrat.

On va de Grenoble à Vizille par Eybens, ou par Pont-de-Claix. Nous préférâmes à ces deux routes une troisième, plus longue, mais qui nous faisait connaître Uriage et la vallée de Vaulnaveys. Nous remontons l'Isère jusqu'à Saint-Martin et jusqu'à Uriage-les-Bains, un simple hameau qui a pris, en trente ans, l'importance d'une ville.

Nous allons visiter la statue colossale du génie des Alpes, et le château d'Uriage. Le château d'Uriage a été construit par les seigneurs d'Alleman, une des plus nombreuses et plus importantes familles du Dauphiné, à laquelle appartenait la mère de Bayard.

Le château est facilement ouvert aux étrangers et offre aux baigneurs un véritable musée fort curieux à visiter. Nous donnons un coup d'œil à l'établissement des bains, aux hôtels qui l'entourent et du sommet d'une petite éminence cherchons à découvrir Eybens, son château bâti par Christine de Bourbon, fille de Henri IV, sœur de Louis XIII, mariée à Amédée de Savoie, en 1619 ; Herbeys et l'ancienne maison de plaisance des évêques de Grenoble dont la puissance fut telle que Lesdiguières trouva plus prudent de gagner l'un d'eux par la douceur, plutôt que de lutter contre son influence.

Puis nous descendons à Vizille par la gracieuse vallée de Vaulnaveys, et nous passons dans un tunnel percé sous la terrasse du château.

A Vizille, nous sommes dans la vallée de la Romanche, qui, deux kilomètres plus loin, se réunit au Drac.

L'histoire de Vizille, à toute époque, se confond avec l'histoire de Grenoble. Son château, c'est le château de Lesdiguières. Le 21 juillet 1788, c'est au château de Vizille que se réunissent les députés des municipalités dauphinoises, sous la direction de Morge, de Mounier, de Barnave, pour protester contre la création de nouveaux impôts, et l'institution d'une Cour plénière, créée pour combattre les résistances des parlements. C'est à Vizille qu'en 1815, au retour de l'île d'Elbe, Napoléon est acclamé et conduit triomphalement jusqu'à Grenoble. C'est au-dessus de Vizille, que le colonel de Labédoyère amène à l'Empereur le 7ᵉ régiment d'infanterie de ligne, ce qui valut, peu de temps après, au jeune colonel, le grade de général, et, quelques mois plus tard, sa condamnation à mort.

Des habitants de Vizille prennent part à la conspiration bonapartiste de Didier; c'est à Grenoble qu'ils sont poursuivis, arrêtés, fusillés. Didier a son tombeau au cimetière de l'île Verte.

Le château de Vizille est devenu, depuis 1775, un vaste établissement industriel, brûlé en partie en 1825 et en 1865, restauré par la famille Périer, qui en est restée propriétaire et dont Casimir Périer, qui a son buste au Musée de Grenoble, fut un des membres.

Sur la porte principale du château, on remarque une statue équestre du connétable en demi bosse et en bronze.

Du haut d'un immense perron, sur la façade méridionale de l'édifice, la vue plonge sur un large canal et sur le parc qui occupe toute la partie de la vallée située entre la Romanche et le pied de la montagne.

Nous ne résistons pas au désir de voir encore une fois Grenoble. Nous faisons l'ascension d'une montagne d'où l'œil plonge dans la profonde vallée de la Romanche ; passe au-dessus du vallon de Vizille, pour ne s'arrêter qu'aux pitons qui dominent Uriage, découvre Grenoble encadrée par les sommets qui entourent la Grande-Chartreuse ; suit le cours du Drac et de l'Isère, jusqu'au point où cette rivière tourne brusquement vers le sud.

De Vizille à Bourg-d'Oisans (32 kilomètres).

Bourg-d'Oisans, hôtel de Milan.

Vizille est à 288 mètres d'altitude et nous atteindrons 714 mètres à Bourg-d'Oisans.

Nous voilà encore une fois dans une gorge étroite que des hauteurs vertigineuses enserrent à droite et à gauche. Les montagnes d'Ardèle qui dominent la rive droite de la Romanche s'élèvent à 1,724 mètres et, sur la rive gauche, le rocher Cornillon atteint une altitude de 2,494 mètres. La route a fait un coude, vers l'est, la nature change d'aspect ; le charme de la riante vallée du Graisivaudan est perdu pour nous ; nous abordons une nature sauvage, triste, souvent nue, désolée, et quand au sortir de Séchilienne, nous apercevons le pavillon de la Verveine, à l'angle du Parc de Nesles, nous sommes forcés d'avouer que feu le baron de Tourette avait mérité son sort. Il faut être *Barbe-Bleue* pour enfermer une jolie femme dans une solitude pareille. En cet endroit, la vallée de Romanche est lugubre, quand on songe que, de temps à autre, le torrent déborde et, que, dans sa fureur, il emporte ponts, villages, terres, bois, châteaux, faisant du pays qu'il envahit un désert. L'histoire des débordements de la Romanche, du Drac et de l'Isère, fait partie de l'histoire de Grenoble. Les images d'Epinal rappellent à nos contemporains les ravages de l'Isère en 1856 et 1859, alors que son courant, arrêté par les eaux du Drac, refluant dans Grenoble, élevant ses eaux jusqu'à un mètre cinquante centimètres dans plusieurs quartiers de la ville, l'empereur Napoléon III distribuait aux malheureux des secours, à tous ses encouragements.

Au XIIe siècle ce fut bien autre chose encore : les torrents de Voudaine et d'Infernet déterminent un terrible éboulement dans la Romanche. Les eaux sont arrêtées; la plaine de l'Oisans s'est transformée en un lac immense. Le produit de sa pêche devient une des ressources du pays; mais, dans la nuit du 14 au 15 septembre 1219, cette chaussée, qu'un bouleversement de la nature a créée quarante ans auparavant, cède sous la pression des eaux. Un torrent se forme et s'engouffre, rasant Séchilienne, inondant Vizille, inondant Grenoble, engloutissant une partie de la population affolée ; mais la plaine d'Oisans reprend place au soleil et redevient féconde.

Enfin, en 1868, un nouvel éboulement, déterminé par le même torrent de Voudaine, envahit ce passage et force à reprendre une ancienne route par Rochetaillée, qu'on suit encore aujourd'hui.

Peu après Séchilienne, nous passons sur la rive gauche du torrent ; nous traversons Gavet, Rioupéroux, Livet, contournons la base du Cornillon et, après la cascade Baton, atteignons le hameau des Sables non loin du confluent de l'Olle ; la route et la Romanche tournent brusquement au sud. La vallée s'élargit.

La route suit la rive gauche de la Romanche, dominée, à l'est, par les montagnes d'Huez qui atteignent 2,000 mètres ; par celles de Montgaudi et de Taillefer, à l'ouest, qui s'élèvent jusqu'à 2,861 mètres.

Au-delà de Bourg-d'Oisans, dont on peut déterminer la situation derrière de longues rangées d'arbres, se dressent les pics majestueux du massif du Pelvoux dont les sommets atteignent 3,935 mètres d'altitude ; le signal de la Meije, 3,987 mètres ; la Barre des Ecrins, 4,103 mètres, la plus haute cime du Dauphiné, aussi élevée que les satellites du Mont-Blanc. Une longue avenue nous conduit à la Paute ; la route franchit le torrent de la Lignarre ; nous atteignons enfin le terme de notre étape ; nous sommes à Bourg-d'Oisans.

Quand on fait un voyage comme le nôtre, on a sans cesse sous les yeux la carte de l'Etat-Major. Quand on a ouvert la feuille 189, Briançon, on ne peut plus en détacher les yeux. On l'examine avec passion, comme une belle gravure. Est-il une image plus attachante que celle des quarante glaciers du Pelvoux, avec leurs plaques blanches aux hachures ondulées, tout encadrées de crêtes noires aux arêtes puissantes ? Il semble que si l'on avait encore ses jambes de vingt ans, le mépris du vertige, on voudrait passer trois mois entre Bourg-d'Oisans et Briançon, pour franchir une à une toutes les vagues bleues de ces glaciers, contourner tous ces pics, tenter leur ascension, conquérir la gloire de planter son drapeau, là où tant d'autres n'ont pas eu la hardiesse, ou la chance, d'y réussir.

Car, si la Suisse et la Savoie n'ont plus, depuis longtemps, de secrets, de virginités pour le touriste, il n'en est pas de même pour le Pelvoux.

Son massif forme un bloc compact qui n'a pas moins de 50 kilomètres en tous sens, entre la Romanche qui le limite au nord, la Durance et le Drac au sud; la Guisanne et la Durance à l'est, le Drac et la Bonne à l'ouest, et pour traverser droit devant soi, il faut avoir le pied d'un chasseur de chamois, se sentir capable de vivre, pendant de longs jours, de lait, d'une gousse d'ail, et d'un morceau de pain.

Un simple renseignement peut donner une idée de ces solitudes : la commune de Saint-Christophe-en-Oisans n'a pas moins de 24,000 hectares de surface. Par la vallée du Vénéon, on pénètre jusqu'à la Bérarde, au centre des plus belles excursions; nous laisserons à d'autres ces plaisirs d'un autre âge; mais nous ne quitterons pas l'Oisans, sans visiter un de ses glaciers. Nous monterons au glacier du Mont-de-Lans.

Notre guide va partir ce soir pour Venosc; il nous retiendra deux mulets pour monter à Saint-Christophe et commandera le déjeuner. Jusqu'à Venosc, la route est bonne, un char nous y conduira.

Venosc est à douze kilomètres; nous partons dès six heures. On suit d'abord la Romanche sur la rive gauche; on entre dans la vallée du Vénéon. A Pont-Escoffier, on regarde derrière soi.

Faire une excursion sous la conduite d'un guide,

c'est visiter Compiègne ou Fontainebleau avec un des gardiens du palais. Quand on ne peut éviter le récit traditionnel, le mieux est de laisser faire et d'écouter.

Notre cocher eût manqué à tous les égards, s'il ne nous eût arrêtés à Pont-Escoffier pour nous dire : *on regarde derrière soi; là-bas, ce sont les pics de Belledonne.* Le bonhomme avait raison; la vue est très belle.

Il ne nous faut pas moins de deux heures pour monter à Venose, à 1,050 mètres d'altitude; nous nous sommes élevés de 320 mètres.

Nous avons retrouvé notre guide, deux mules, un déjeuner très suffisant. En deux heures, nous montons à Saint-Christophe, à 1,470 mètres. Les mules ne vont pas plus loin.

Nous voilà en marche, le bâton ferré à la main. Le tracé de Saint-Christophe au glacier du mont de Lans est indiqué pas à pas, dans *Joanne*. Notre guide ne nous permettrait pas de nous en écarter d'une semelle.

Quand j'avais vingt ans, traversant la Gemmi, aux vacances de Pentecôte, avant la fonte des neiges, je ne voulus pas mettre les pieds là où avaient mis les leurs ceux qui marchaient devant moi. J'enfonçai dans la neige jusques à la ceinture. Nous suivîmes donc docilement l'itinéraire tracé. Le ruisseau du Diable, la tête de Toura, les escarpements du Jandry, les châlets de la Selle, la majestueuse aiguille du Plat, la grotte du ruisseau du Diable, l'ascension sur le glacier de la Selle, le passage entre le Râteau et le pic de la Grave, la vue magnifique sur le glacier du mont de Lans; toutes ces indications sont d'une scrupuleuse exactitude. Ce qui nous permit de nous en rapporter au guide lorsqu'il affirmait que c'est le plus vaste glacier du Pelvoux, qu'il a huit kilomètres de long sur trois de large.

Le splendide panorama dont on jouit, quand on débouche sur le glacier par le passage entre le Râteau et le pic de la Grave, nous donne la raison du détour que nous avons fait pour y arriver. Le glacier s'incline en pente douce vers la Romanche ; on le domine, et de tous côtés une vaste mer de glace vous entoure ; le pic de la Meije masque son glacier, mais les Rousses, de l'autre côté de la Romanche, étincellent aux rayons du soleil. On resterait là de longues heures, absorbé dans son admiration.

Pour retourner, sans songer à escalader le Jandry, on pourrait revenir au village de Mont de Lans, par les granges de la Roux; mais il aurait fallu traverser le glacier ; notre guide, d'accord sur ce point avec notre hôtelier, ne nous y engageait pas. Nous reprîmes donc le même chemin, nos mules et notre char et rentrâmes à Bourg-d'Oisans.

Nous devons, dans la journée du lendemain, de Bourg-d'Oisans, 729 d'altitude au col du Lautaret, 2,057, nous élever de 1,328 mètres ; si peu lourde soit notre voiture, c'est une rude tâche pour des chevaux plus habitués à courir qu'à traîner. Nous avons pris la précaution de faire partir les nôtres, dans la journée, pour La Grave. Joseph les conduira au pas, par la figure ; après notre halte à La Grave, nous n'aurons plus qu'à descendre jusqu'à Monestier. Notre hôtelier nous fournira deux mules pour notre voiture.

De Bourg-d'Oisans à La Grave (31 kilomètres).

La Grave, hôtel Juge.

La route que nous allons suivre pour aller de Bourg-d'Oisans à Monestier-de-Briançon, est assurément une des plus intéressantes et des plus pittoresques de France. Elle est sauvage, rude ; l'homme a dû lutter avec la nature pour la tracer ; il doit continuer la lutte pour la défendre contre le torrent qui la mine, contre les avalanches de neiges et de rochers qui, fréquemment, la bouleversent.

Enserrée, à droite et à gauche, par des pics de

plus de 3,000 mètres, par des glaciers dont le pied semble descendre jusqu'à elle, tant sont lumineuses leurs tranches bleuâtres sous les rayons du soleil, passant sept fois au travers du rocher dans des tunnels dont l'un a jusqu'à 600 mètres de long, et qui, réunis, n'ont pas moins de 1,700 mètres, elle emprunte à l'histoire sa raison d'être, les preuves de son utilité, de son but.

Jadis, voie romaine, retracée par les Dauphins Viennois après un long abandon, suivie par Louis XII et François Ier allant porter la guerre dans le Milanais, utilisée par Louis XIV pour se défendre contre le duc de Savoie, reconstruite par Napoléon de 1808 à 1814 comme voie stratégique, terminée enfin en 1851, elle met en communication journalière Bourg-d'Oisans et Briançon, le midi de la France et Turin.

Pour atteindre La Grave, 1,526 d'altitude, nous avons de longs parcours à faire au pas ; la carte déployée, notre guide à la main, nous pouvons constater l'exactitude avec laquelle cette route a été décrite par Ad. Joanne dans le volume *Dauphiné Hautes-Alpes*; si sa description de la gorge d'Infernet ne peut donner qu'une idée bien amoindrie de nos impressions, nous devons nous garder de fatiguer nos lecteurs par un enthousiasme continu qui ne peut se comprendre, que lorsqu'on a joui soi-même du spectacle de ces grands et sublimes tableaux de la nature.

En arrivant à la gorge d'Infernet, nous nous rappelons avoir déjà rencontré le torrent d'Infernet avant de contourner la base du Cornillon. Il n'y a de commun, entre le torrent et la gorge, que la similitude du nom.

Nous ne devions nous arrêter à La Grave que pour déjeuner; continuer notre étape jusqu'à Monestier; mais les séductions irrésistibles du glacier de la Meije nous forcent à modifier notre itinéraire.

L'hôtel Juge est, d'ailleurs, confortablement installé; nous y passerons la nuit.

Nous déjeunons rapidement; on nous confie à un guide et nous faisons, sans fatigue, l'ascension du glacier de la Meije, une vraie promenade.

De La Grave à Monestier (13 kilomètres). — De Monestier à Briançon (15 kilomètres).

Briançon, hôtel de la Paix.

De la Grave au col de Lautaret, nous continuons à monter. Nos mules, habituées à de plus lourdes charges, s'en vont d'un bon pas; au sommet du col, nous retrouvons nos chevaux; nous n'avons plus qu'à descendre.

Ni l'hospice du Lautaret, ni la vue dont on jouit au col, ne méritent un long temps d'arrêt. Lorsque nous avons examiné toutes ces maisons du village, enfoncées sous la terre pour s'abriter de la tourmente et des avalanches ; lorsqu'on nous a montré, à plusieurs mètres de hauteur, les traces de la neige, fondue depuis quelques semaines à peine, à travers laquelle, comme entre deux murailles, la route doit se frayer un passage depuis novembre jusqu'à la fin du mois de juin, nous partons ; nous traversons le Lauzet, le Casset ; faisons une courte halte à Monestier, un chef-lieu de canton, et une heure après, nous arrivons à Briançon.

Briançon est un chef-lieu d'arrondissement de près de 4,000 habitants, qui a deux rivières, la Guisanne et la Durance, la route de Gap qui descend au sud avec la rivière et la route d'Italie, qui remonte au nord-est, en suivant la Durance jusqu'à Montgenèvre. Briançon a son chemin de fer qui la relie avec Mont-Dauphin, Embrun et Gap ; de belles promenades, de beaux points de vue et le pic de Rochebrune en perspective.

Mais avant tout, Briançon est une place forte de première classe, à 1,321 mètres d'altitude, entourée d'une triple enceinte de murs, dominée par ses forts qui en défendent l'approche.

Une agréable surprise nous y était réservée : un parent du docteur Blondeau de Grenoble, commandant du génie, nous emmenait à cheval au fort en construction du mont Janus, nous faisait visiter le fort des Trois-Têtes, les redoutes de l'Infernet (encore un Infernet, d'où l'on a une vue magnifique) et du fort du mont Janus, découvrir le col de Genèvre, le plus célèbre, à bon droit, dans l'histoire, de tous les passages des Alpes.

De Briançon à Embrun (50 kilomètres).

A Saint-Crépin, hôtel Gilloux. A Embrun, hôtel Thouard.

Nous déjeunerons à Saint-Crépin, à mi-chemin de notre étape. Nous n'avons aujourd'hui qu'à descendre.

A notre gauche, se dressent les pics de Rochebrune, de l'Escavinade, de la Suffie. A notre droite, les cimes qui dominent la vallée de l'Eychouda et celle de Vallouise. Nous traversons de nombreux hameaux, des villages. Nous ne tardons pas à apercevoir la Bessée.

Nous descendons au pas sa longue côte, pour admirer à l'aise la gorge de la Durance ; nous faisons halte, lorsque la vallée de la Vallouise s'ouvre à notre droite, avec la double pyramide du Pelvoux qui la ferme à l'horizon, et le glacier de Seguret-Foran, qui écoule ses eaux dans le torrent de la Gyronde. Nous continuons à descendre; voilà Largentière, de l'autre côté de la Durance, le confluent de la Byaisse, la Roche-sous-Briançon, Saint-Crépin où nous faisons halte à l'hôtel Gilloux.

Après un bon temps de repos, nous gagnons Mont-Dauphin, place forte créée par Vauban et Catinat en 1693, laissons Guillestre et Vars à notre gauche, tout en regrettant qu'une route carrossable ne les relie pas à Saint-Paul; ce serait la route directe de Barcelonnette; nous traversons, à Saint-Clément, la Durance et la voie ferrée et arrivons bientôt à Embrun.

Embrun, *Ebrodunum*, était une ville des Romains. Elle a une cathédrale du xie siècle, des promenades en belle vue sur la Durance, des fortifications et une histoire, comme toutes les villes qui valaient la peine d'être prises et défendues.

D'Embrun à Barcelonnette par le col de Pontis, Ubaye et le Lauzet (53 kilomètres).

Le Lauzet. Auberge de Don. Barcelonnette, hôtel de France.

Au sortir d'Embrun, on passe sur la rive gauche

de la Durance jusqu'à Savines. Nous étions partis de grand matin, nous nous arrêtons à Savines pour prendre notre premier déjeuner et deux mules pour conduire notre voiture au sommet du col de Pontis. Il y a beaucoup à monter et la route n'est pas encore très bonne. Nos chevaux nous suivent en promeneurs, à la grande stupéfaction des Saviniens qui nous souhaitent bonne route. Nous traversons la Durance, le torrent de Barnafret. Au-delà du hameau d'Eygoires, on quitte les Hautes-Alpes pour entrer dans les Basses-Alpes; nous trouvons une belle vue sur la vallée et les montagnes de la Durance. Nous atteignons le col de Pontis, 1,218 mètres; nous reprenons nos chevaux pour descendre. Nous arrivons bientôt par une route en lacets à Ubaye, dans la vallée du même nom.

La grande route de Gap jusqu'au confluent de l'Ubaye et la route de Barcelonnette par Saint-Vincent nous eussent amenés à Ubaye sans pente sensible, mais la Durance, en été, roule sur des pierres à l'aspect assez triste, et nous avons pris une telle habitude de monter pour voir de loin, que même, après le Pelvoux, ses glaciers et ses pics, le col de Pontis nous a paru préférable à la route plate.

Nous avons encore 8 kilomètres à faire pour gagner au Lauzet notre halte, abriter bêtes et gens de la chaleur du jour.

A l'auberge de Dou, nous sommes traités comme dans le meilleur hôtel.

Le Lauzet est un chef-lieu de canton, dans la gorge de l'Ubaye, que nous ne confondrons pas, dans nos souvenirs, avec le village du même nom, qu'on traverse après le col du Lautaret.

A Méolans, la gorge est étroite, les montagnes rapprochées, le soleil ne vient pas jusqu'à nous.

Après Thuiles, Saint-Pons, nous arrivons à Barcelonnette.

Barcelonnette était sur notre route pour descendre dans le département des Alpes-Maritimes et gagner la vallée du Var, mais, en plus, l'étymologie de son nom nous intéressait et nous étions curieux de voir la fontaine monumentale élevée à la mémoire du député Manuel, qui, en 1823, à l'occasion de la guerre d'Espagne, eut, à la Chambre des députés, ses quelques jours de tapage, de bruyante renommée. La Restauration n'avait pas encore la logette, inventée par la République pour enfermer M. Baudry-d'Asson. Singulier retour des choses d'ici-bas ! Cette petite ville est d'ailleurs dans une situation pittoresque, au milieu des montagnes qui s'élèvent à 2,000 et 2,500 mètres ; chef-lieu d'arrondissement de 2,000 habitants sur la rive droite de l'Ubaye.

Son nom lui a été donné par un Raymond Berenger, d'une famille qui aurait régné en Catalogne, en souvenir de la Barcelone regrettée. Elle fut prise et reprise par la Savoie et la France; par les protestants et les catholiques; incendiée sept fois, elle a recouvré sa tranquillité depuis qu'elle a perdu toute importance. Les descendants du député de la Restauration sont dispersés. Barcelonnette n'eût pu suffire à leur activité. Grâce à Raymond Berenger, il lui reste un joli nom !

De Barcelonnette à Larche (23 kilomètres).

Larche, hôtel d'Italie.

Le but primitif de ce voyage a été de connaître les montagnes qui dominent Nice au nord, inabordables en hiver à cause de la différence de température entre les hautes vallées et le rivage de la Méditerranée.

Nous ne chercherons donc pas quel est le chemin le plus court pour gagner Nice, mais le moyen de parcourir les diverses vallées formées par les torrents qui descendent des sommets, les vallées du Var, de la Tinée, de la Vésubie.

Plus tard, nous pourrons de Nice et de Menton

voir, dans nos promenades, le col de Tende, la vallée de la Roya.

De Barcelonnette nous irons à Larche; du col de Larche à Isola, par Vinadio.

A Faucon, le premier village que nous rencontrons sur notre route, on a trouvé des inscriptions romaines, des tombeaux, des fragments de sculpture.

Jauziers est un gros bourg de 1,500 habitants, à 1,300 mètres d'altitude, dont l'église est assez remarquable.

La vallée de l'Ubaye se rétrécit, la route s'élève à une grande hauteur au-dessus du torrent.

Nous arrivons à la Condamine-Chatelard, qui contient les bureaux de la Commanderie du fort de Tournoux.

Une lettre du commandant qui nous a fait, à Briançon, visiter le fort des Trois-Têtes et celui d'Infernet, nous ouvre les portes du fort de Tournoux. Nous en profitons pour voir rapidement cette forteresse, entièrement taillée dans le rocher, qui commande la route de Cuneo à Gap.

Après être passés ensuite à Meyronne, à Certamussat, nous arrivons à Larche, village de 700 habitants, à 1,697 mètres, sur la rive droite de l'Ubayette, où nous trouvons gîte à l'hôtel d'Italie.

De Larche à Vinadio (32 kilomètres).

Passerons-nous au col de Larche avec notre voiture ? Sans aucune crainte, nous affirme-t-on à notre hôtel.

Dès le matin, le lendemain, nous montons au col de Larche ou de Largentière, 1,995 mètres. C'est un passage très fréquenté par les Piémontais qui viennent temporairement, chercher de l'ouvrage en France.

Ce col a sa mention dans l'histoire : une armée l'a franchi en 1515. Le passage fut si rapide, si brusque, si inattendu, dit Michelet, que le général ennemi, Colonna, fut trouvé à table par le chevalier Bayard, et demanda si les Français étaient descendus du ciel.

Nous avons au-dessous de nous les pâturages de Lauzanier et le lac de la Madeleine.

Après le col qui forme frontière, on descend en Italie, en suivant la rive gauche de la Stura.

Nous rencontrons bientôt Largentière, bureau de la douane italienne. Nos bagages ne demandent pas une visite bien longue. Nous traversons Bessario, Sambuco. Nous arrivons à Vinadio. Vinadio est une ville forte ; pour éviter toutes difficultés relatives aux passeports, aux permis de séjour, nous prenons gîte au dehors, dans une auberge de modeste apparence. Dès le lendemain, nous rentrerons en France.

De Vinadio à Isola par le col de Santa Anna.

Isola : Auberge Taxil.

Nous étions venus de Larche à Vinadio, espérant trouver une route carrossable de Vinadio à Isola et d'Isola à Saint-Sauveur, mais les renseignements qu'on nous donne sur le col de Santa Anna, ne nous permettront pas de tenter le passage.

A Santa Anna de Vinadio, nous sommes forcés de mettre pied à terre. Nous trouvons un guide français et deux mules de retour pour Isola. Il nous procure un porteur pour nos bagages à la main. Il connait parfaitement tout le pays aux alentours, nous le garderons plusieurs jours ; notre caravane se met bientôt en marche.

Joseph, avec son équipage et Yello, retournera par Vinadio et Larche à Barcelonnette ; nous irons l'y rejoindre après notre excursion.

La vallée de Santa Anna et le col méritent d'ailleurs le détour que nous venons de faire ; quant au village d'Isola, situé au confluent de la Tinée et du torrent de Chastillon, il réunit à la fois le charme de la nature la plus fraîche, la plus verdoyante et le grandiose du site le plus sauvage. Aussi a-t-il pu grouper, quoiqu'encore privé de route carrossable au nord et à l'est, près de 1,200 habitants.

L'auberge Taxil sait faire des efforts pour recevoir de son mieux les touristes.

D'Isola à Saint-Martin de Lantosque.

Saint-Martin de Lantosque : hôtel de Belle-Vue.

Le lendemain, nous allons, de la vallée de la Tinée, passer dans celle de la Vésubie.

Si notre guide ne nous conduit pas à Saint-Martin de Lantosque par le chemin le plus court, il nous fait faire une excursion des plus agréables.

Nous descendons la vallée de la Tinée jusqu'au confluent du torrent de Molières ; dans cette partie de son cours, la Tinée forme frontière entre la France et l'Italie.

Nous pénétrons pour la seconde fois sur le sol italien ; nous entrons, en remontant le cours du torrent, dans le vallon de Molières ; sur notre gauche se dresse le mont de Saint-Sauveur. Nous atteignons le col de Salèses ; du vallon de Salèses, laissant à gauche la cime du Mercantour, nous passons dans le vallon du Borcon et entre les deux cimes du Piagu, à gauche, 2,309 mètres, et du Balau, à droite, 2,384 mètres, nous entrons dans le vallon de la Vésubie, où nous ne tardons pas à apercevoir, au-dessous de nous, Saint-Martin de Lantosque, au confluent du Boréon et du ruisseau de la Fenêtre, qui réunis, prennent le nom de Vésubie. C'est la Vésubie qui fournit à Nice une partie de ses eaux abondantes.

Si nous n'avions, étant à Nice, entendu vanter les merveilles de Saint-Martin de Lantosque, notre étonnement aurait été sans bornes.

Nous voyageons, depuis un mois, dans le plus beau pays de France, mais il faut l'avouer, le moins fréquenté par les touristes. La vallée de la Romanche, le massif du Pelvoux peuvent soutenir la comparaison avec les vallées de Sallanches et de Chamonix, avec le massif du Mont-Blanc, moins le Mont-Blanc. Partout, en Suisse et en Savoie, on trouve les recherches de la civilisation la plus raffinée. La corne, qui fait retentir au loin les échos, le petit canon qui ébranle les montagnes, les mules aux pompons de toutes couleurs, les guides au costume pittoresque, inscrits au studboock comme les purs sang ; les hôtels sont des palais ; les servants sont en habit noir ; on trouve au salon des journaux, des revues, des misses qui touchent du piano et qui chantent en anglais ; au jardin, le crokett et le lawn-tennis ; dix orchestres ambulants circulent dans les rues, mêlant à l'envi leur harmonie au clic-clac des postillons, aux grelots des chevaux. La poudre de riz rafraîchit de minute en minute, le vermillon qu'une course fatigante a pu mettre aux joues d'une beauté sur le retour ; on fait toilette pour la table d'hôte. Partout enfin la civilisation vous poursuit, vous harcèle.

De Vizille à Bourg-d'Oisans ; de Briançon à Barcelonnette ; de Larche à Isola, rien de semblable ! Saint-Martin de Lantosque, seul, fait exception.

Quatre hôtels de premier ordre se disputent les voyageurs ; des pensions de famille, des villas à louer étalent leurs écriteaux multicolores dans toutes les langues parlées. C'est la Suisse des Niçois. La température y reste toujours fraîche, tempérée par des courants descendant des vallées supérieures ; les promenades y sont charmantes ; de nombreuses excursions s'offrent au touriste, et la route qui y amène de Nice, entre Saint-André et Levens, entre Duranus et Lantosque, est des plus pittoresques. Saint-Martin de Lantosque est charmant, nous ne pouvons moins faire que de lui consacrer deux jours. Le dimanche, nous descendrons à Lantosque, au hameau de la Bollène ; le second jour, nous irons voir la mer et le Mont-Blanc, au col de la Fenêtre ; 2,500 mètres d'altitude.

La mer était dans la brume, le Mont-Blanc était dans les nuages, nous devons l'avouer ; mais notre guide a pu nous nommer, en les recherchant avec nous, sur la carte, tous les pics qui nous entourent. Cette excursion offre les aspects les plus variés, et nous regagnons notre hôtel sans fatigue.

De Saint-Martin à Saint-Sauveur.

Auberge Pardigon.

Nous allons repasser de la vallée de la Vésubie dans celle de la Tinée, à Saint-Sauveur ; c'est le passage le plus court, le plus fréquenté ; nous n'avons pas à nous presser ; nous donnons encore toute la matinée à Saint-Martin de Lantosque, à sa source minérale, à ses promenades, à ses abords, à ses points de vue. Nous partons après déjeuner.

Jusqu'au col Saint-Martin, ce ne sont encore que gazons et mélèzes ; mais de Saint-Dalmas à la Bouline, le sol est infertile et nu, la nature âpre et sauvage.

Saint-Sauveur est un chef-lieu de canton qui domine la Tinée, au confluent du Robion, où l'auberge Pardigon ne lutte pas d'élégance avec les somptueux hôtels de Saint-Martin de Lantosque, mais où on dîne comme on doit dîner en pays de montagnes, en se rappelant qu'il faut manger pour vivre et non vivre pour manger.

On peut être poursuivi d'une crainte bien autrement grave dans les hôtels des Alpes, au mois d'août, celle d'être troublé dans son sommeil. Nous ne voulons pas parler des moustiques, nous ne les trouverons qu'à Nice ; les parasites qui nous effraient n'ont pas d'ailes, mais sont pourvus de pattes agiles et d'un appétit féroce.

Aussi transportons-nous, avec notre valise, une vaste couverture enduite d'essence de thérébentine, qu'on place entre le matelas et le drap de manière à isoler complètement le dormeur.

Si le dormeur s'y habitue, ces bêtes-là reculent à cette odeur ; elles se laissent quelquefois tomber du plafond, mais ce mode d'attaque est rare. Nous recommandons ce moyen de défense aux voyageurs qui voudraient dormir à Bordeaux, même dans les plus somptueux hôtels.

De Saint-Sauveur à Guillaumes.

Auberge Giniez.

Nous allons passer de la Tinée dans la vallée du Var ; reconnaître les cimes les plus élevées qui dominent la grande vallée de Nice, qui forment son horizon au nord, et, dans ce but, nous ne craindrons pas de faire l'ascension du mont Mounier, 2,818 mètres d'altitude. La journée sera rude; nous partons dès les premières heures du jour.

Voici Roure, puis Roubion; nous atteignons le col de Roubion et peu après le village de Beuil où s'écroulent, un peu chaque jour, les ruines du château des Grimaldi de Beuil, dont la famille au XVe et au XVIIe siècles, eut sa place dans l'histoire de Nice.

Nous déjeunons ; l'omelette traditionnelle et quelques provisions apportées nous suffisent; nous prenons au nord le chemin du Mounier, en remontant le torrent de Cians; nous contournons le mont Demant à sa base, passons à Faussemagne, au col de Crouzettes et gravissons à pied les dernières pentes, jusqu'au point culminant.

Notre guide nous affirme qu'on voit la mer et la presqu'île d'Antibes, et, d'autre part, Turin, Torino. Nous n'avons que de fortes jumelles, nous ne voyons pas distinctement la séparation du ciel et de la mer à la ligne d'horizon. Quand de la corniche on découvre la Corse, les cimes neigeuses, les dentelures des rochers coupent, vigoureusement éclairés par les rayons du soleil, la mer et le ciel. La pointe d'Antibes ne présente jamais que des lignes basses et confuses, sans couleur.

Pour voir la mer bleue, il ne faut pas aller plus loin que le mont Chauve; et combien est-elle plus belle encore de la Corniche, d'Eza, de Falicon, de Saint-Romain, de Saint-Antoine!

Nous abandonnons volontiers la recherche de la pointe d'Antibes pour reconnaître, avec la boussole et la carte, les cimes qui nous entourent, depuis Mercantour, à l'est, jusqu'au Pelat, à l'ouest, au-dessous de Saint-Laurent-du-Bachelard.

Les sommets qui l'hiver, à une distance de cinquante kilomètres, à vol d'oiseau, enveloppent Nice de leur neige éblouissante, non pas de cette neige qui tombe, une nuit, sur le Cheiron, voire même sur le mont Agel, et disparaîtra demain sous les rayons du soleil, mais de celle qui ne fond pas pendant six mois de l'année, partent au nord-est, du col de Tende et se développent sur une ligne ouest-nord, par-dessus les bancs du Cheiron jusqu'à Allos, jusqu'au mont Pelat.

Dans notre excursion à Saint-Martin-de-Lantosque, nous avons reconnu le mont Saint-Sauveur, la cime de Mercantour, sur le territoire italien; la veille, plus à l'ouest, avant d'arriver à Vinadio, la tête de l'Ubac, le Timbras, le Grand-Simon-de-Rabuons, sur la ligne frontière (nous ne citons que les pics qui dépassent 3,000 mètres).

Aujourd'hui, en continuant vers l'ouest, mais plus bas, plus au sud, nous sommes au mont Monnier, 2,818 ; voilà le Val, 2,816 ; le mont Rognone, 2,671 ; la Roche-Grande, au-dessus d'Entraunes, 2,751 ; la Pointe-des-Hommes, 2,788, qui domine le hameau de Demandols ; les Deux-Becs-de-Marseglia, 2,748 et 2,769, et enfin, plus à l'ouest encore, au delà du Var, le Trou-de-l'Aigle, 2,963 ; le Cimet, 3,922 ; le mont Pelat, 3,053 mètres

Si nous voulions citer tous les pics qui entourent le lac d'Allos, tous ceux qui s'étagent au-dessous de nous d'une altitude de 2,600 à 2,200 mètres, il faudrait une page entière ; c'est toute la chaîne des Alpes-Maritimes, qui, à l'est de Barcelonnette, se relie aux Alpes-Cottiennes et à la chaîne plus basse des Alpes de Provence, descendant jusqu'à la mer, pour former ces belles montagnes de l'Esterel qui forment la baie de Cannes à Theoule, à la Napoule.

Nous descendons à Péone, à Guillaumes ; nous sommes dans la vallée du Var.

Guillaumes est un chef-lieu de canton de 1,300 habitants, au confluent du Var et du torrent de Tuébie, qui a eu jadis des fortifications et en conserve des ruines intéressantes.

De Guillaumes à Entraunes.

D'Entraunes à Saint-Laurent.

La route est plus facile, moins accidentée; sous les ombrages de magnifiques noyers, nous passons à Saint-Martin-d'Entraunes et nous arrivons à Entraunes, 1,280 mètres d'altitude; mais après déjeuner et une halte suffisamment longue, nous continuons à nous élever dans la vallée du Var, puis avant d'atteindre les sources, nous la quittons pour prendre la vallée du Bachelard qui nous conduit jusqu'à Saint-Laurent.

Notre guide n'ose nous affirmer que Saint-Laurent-du-Bachelard soit une capitale, voire même un chef-lieu de canton; c'est un pauvre village et nous aurons peut-être à regretter Entraunes, ou l'asile que nous eût offert notre coupé; mais si modeste que soit l'abri que nous y trouverons, il faut nous hâter d'y arriver; le ciel s'est couvert de nuages sombres; nous allons avoir un orage. Nous atteignons la plus modeste des auberges, lorsque gronde déjà au loin des coups de tonnerre formidables, lorsque de larges gouttes de pluie commencent à tomber.

L'arrivée d'une caravane si nombreuse, un monsieur, une dame, un guide, un porteur, troubleraient la femme de l'aubergiste, la mettraient dans une agitation indescriptible, si une montagnarde pouvait se troubler. Elle aura toujours une chambre à nous donner, un lit, si large, qu'on y tiendrait quatre, une omelette et ce pauvre poulet maigre, qui, là, picore sur la route ; pour les hommes, l'écurie. Les toitures sont solides ; elles défient la rafale et nous sommes trop haut, au-dessus du Bachelard, pour craindre une inondation, si le lit du torrent, fermé par quelque éboulement, forçait les eaux à s'élever dans la gorge.

La terre, bientôt, semble trembler sous les efforts de la tempête ; le tonnerre gronde avec fracas ; de minute en minute l'éclair fend la nue, traçant son sillon jusqu'à terre, brisant quelque mélèze, à la cime altière, le fendant en deux comme un coin, l'écartelant avec le grincement du bois qui se déchire.

C'est l'orage des montagnes, l'orage qui ravage une contrée, ne laissant après lui que dévastation et misères. Noix, fruits, châtaignes, seigles et pommes de terre, le pain des pauvres, tout est bouleversé, ravagé ; plus loin, entre Villars-d'Abas et Baume-Longe, des éboulements de terres et de rochers ont arrêté le cours du Bachelard ; les cascades sont devenues des torrents, les eaux remontent dans la gorge; le moulin Chabrant est vivement menacé; le mugissement des eaux se mêle aux éclats de la foudre; la terre tremble; il nous semble que les murailles de la pauvre maison qui nous abrite oscillent et se séparent.

Si nous n'avions assisté au tremblement de terre de Nice, si nous n'avions entendu alors ce mugissement souterrain, qui ressemble au vacarme d'un train de grande vitesse, s'engouffrant dans un tunnel, ce bruit de murailles d'une maison à cinq étages, qui tressaute, descellant chaque pierre, dont les vitres éclatent, dont les boiseries se fendent, dont les planches oscillent et craquent, dont les plafonds se déchirent et tombent par morceaux, nous pourrions croire à quelque effroyable cacaclysme; mais l'orage passe et le calme renaît, laissant aux hommes une rude tâche, celle de réparer, autant que faire se pourra, les désastres d'une heure.

Notre aubergiste a quelques lopins de terre; tout est ravagé, perdu; mais la patience est le privilège du montagnard; il ira rechercher sa terre dans le torrent, la remontera sur la tête de sa femme et de sa fille, aux pentes de la montagne; il reformera son champ, l'ensemencera de nouveau et ne désespèrera pas de recueillir encore une demi-récolte.

De Saint-Laurent à Barcelonnette.

Barcelonnette, hôtel de France.

Le lendemain, nous donnons, à ces braves gens, somme double de ce qu'ils nous demandent ; c'est notre obole, pour la réparation du désastre.

A travers un pays désolé, de Saint-Laurent à Uvernet, nous gagnons Barcelonnette, où nous retrouvons Joseph et nos chevaux vivant en rentiers à l'hôtel de France, nous serons forcés de revenir sur nos pas pour gagner Allos par Uvernet et le col de la Foux.

Nous nous séparons de notre guide, très contents l'un de l'autre ; il a hâte de retourner ; c'est le moment du passage des touristes ; il va regagner Isola par le chemin le plus court, Saint-Dalmas et Saint-Etienne ; il ne craindra pas de prendre les raccourcis aux pentes les plus abruptes, ses bêtes n'ayant rien à porter. Il nous demande instamment de le recommander à nos amis, de leur dire son nom : Jean-Louis Molinanari, à Isola. Tout le monde l'y connaît ; ses mules ont bon pas, la jambe ferme, le pied sûr.

Dimanche 4 août. — *De Barcelonnette à Colmars (35 kilomètres), par le col de la Foux et Allos.*

Allos, hôtel Pascal. — Colmars, hôtel Roux.

Nous partons de grand matin; nous traversons l'Ubaye; nous gagnons Uvernet; dans une gorge étroite et sauvage, la route s'élève à 1,600 mètres à la Malune. Nous laissons à droite la Combe des Agneliers, nous montons encore. Nous atteignons Mourjuan et le col de la Foux, 2,250 mètres, ou de Valgelay; nous redescendons vers le Verdon, dont on suit la rive gauche jusqu'à Allos; le Verdon est un torrent qui deviendra rivière, pour aller se réunir à la Durance plus de 60 kilomètres au-dessous de Castellane.

Allos, un chef-lieu de canton de 1,200 habitants, fut autrefois la capitale d'une peuplade celtique. Les restes de ses murailles indiquent son importance passée.

Après déjeuner, à peu de distance d'Allos, nous allons voir l'église Notre-Dame de Valvert, monument historique qui daterait de Charlemagne.

En suivant la gorge du Verdon, nous arrivons en peu de temps à Colmars.

Colmars est une ville murée, bastionnée, que deux

forts protégeaient, alors que Nice n'était pas encore redevenue Française.

Colmars n'a pas souvent la visite des touristes. Son hospitalité un peu primitive ne nous laisse cependant aucun regret de nous y être arrêtés. Sa situation au fond de la gorge du Verdon est assez étrange pour mériter une visite.

De Colmars à Annot par la Colle-Saint-Michel (37 kilomètres).

Annot, hôtel Drac.

Nous allons d'une seule traite à Annot en suivant, d'abord, le Verdon jusqu'à la hauteur de la Colle-Saint-Michel et la vallée de la Vaire depuis Meailles jusqu'à Annot.

C'est encore une journée de montagnes, de précipices, de ravins, de routes taillées dans le rocher, cependant, en se rapprochant d'Annot, la vallée de la Vaire devient fertile et d'un aspect charmant.

Nous allons voir, en nous promenant, les stalactites de la grotte Saint-Benoît.

D'Annot à Puget-Théniers (22 kilomètres).

Puget-Théniers, hôtel de la Croix de Malte.

Nous traversons, de nouveau, le village des Caffarels que nous avions vu la veille, en allant à Saint-

Benoît. La route suit la rive gauche du Colomb jusqu'à son confluent avec le Var; traverse le Var au pont de Gueidan, arche de 25 mètres jetée sur deux rochers qui semblent là pour fermer la porte de la vallée supérieure du Var; passe bientôt sur la rive droite du fleuve jusqu'à Entrevaux, dont la vallée, qui s'est élargie et rétrécie tour à tour, selon la force de résistance des masses rocheuses que les eaux ont usées, est très pittoresque aux approches d'Entrevaux.

Entrevaux est une ville forte comme Colmars. En cette qualité, elle a eu son histoire; Charles-Quint s'en empara en 1536, l'incendia; mais la population, d'un mouvement spontané, ne tarda pas à se soulever. Elle reprit la ville et la donna à François Ier qui put la garder.

Sept kilomètres plus loin, nous allons arriver à Puget-Théniers, un chef-lieu d'arrondissement de 1,500 habitants, sur la rive gauche du Var, au confluent de la Toudoule, mais, entre Entrevaux et Puget-Théniers, à 5 ou 600 mètres du village de Ville-Passan, nous voyons, de loin, venir à notre rencontre, une large voiture de Bohémiens, traînée par deux chevaux étiques, qui s'avançait péniblement au milieu de la chaussée. Trois ou quatre femmes étaient sur le devant de la guimbarde; un vieux, au teint basané, menait les chevaux; sept ou huit gas, à mine de potence, marchaient en groupe, à gauche de la voiture, parlant fort, riant, gesticulant, en comptant, dans leurs mains pleines, bon nombre de menues pièces de monnaie.

Nous étions au trot; la route n'était pas large; la voiture ne se dérangeait pas; Joseph prit sa corne et souffla. Le loustic de la bande saisit une trompette, pendue en sautoir derrière son dos, et répondit sur le même ton, sans que le conducteur eût l'air de comprendre qu'il devait appuyer à droite, pour nous laisser un peu de place. Le groupe des jeunes semblait faire mine de vouloir ne pas se garer et nous barrer entièrement le passage.

Joseph souffla plus fort; reprenant vigoureusement mes chevaux dans la main, je leur fis sentir le fouet pour augmenter la vitesse de l'allure, en appuyant à droite jusqu'à mettre ma roue sur l'extrême bord du fossé.

La trompe sonnait toujours. Ces drôles, tout en se jetant qui, derrière leur voiture, qui, de l'autre côté du fossé, pour éviter le poitrail de mes chevaux et le timon qui va les atteindre, ramassent des pierres et nous accablent d'injures.

Une pierre est lancée... J'ai croisé leur guimbarde, j'appuie à gauche, je reprends le milieu de la chaussée, je ralentis l'allure, j'arrête ; je saisis mon revolver...

Qu'une seconde pierre nous atteignent, et je fais feu...

Mais les gas ont vu briller l'arme ; ils se contentent de vociférer de plus belle et se dérobent.

Nous arrivons aux premières maisons du village. Les habitants qui ne sont pas aux champs, sont groupés, inquiets, furieux ; cette bande de chenapans a mendié, menacé, brisé les portes, volé, pillé ; elle a mis à contribution tout le village ; un ancien, à mine moins rustique que les autres, dans son gilet de travail, nous aborde ; c'est le maire du pays. Il nous raconte tout ce qui vient de se passer.

Il nous demande, à notre arrivée à la ville, au chef-lieu d'arrondissement, de porter sa plainte au procureur de la République. Ce n'est pas la première fois que ça arrive... il n'y a pas de semaine que des bandes organisées de ces vagabonds ne viennent prendre, de menace et de force, ce qu'on voudrait refuser à leur paresse, à leur vie de désordre et de rapines... quand on signale aux gendarmes leur passage à droite, les gendarmes ont affaire à gauche. On croirait que ces brigands là leur font peur.

Pour moi, la question n'était pas neuve ; la presse,

depuis longtemps, a signalé le danger, a jeté plus d'un cri d'alarme.

Que voulez-vous, répondis-je au maire? Nous sommes sous le régime du laisser faire. Les gendarmes n'ont pas peur; mais ils obéissent à l'ordre de ne pas voir. Faites votre police vous-mêmes; ne craignez pas de faire prompte et haute justice. Pendez-en un ou deux; les autres ne reviendront plus; je vous réponds que le Jury vous acquittera. La loi de lynch a du bon, quand le gendarme n'est pas le plus fort.

J'avais affaire à un maire, qui, sous une apparence un peu grossière, avait plus d'intelligence et d'instruction qu'on aurait pu le croire, tout d'abord. Sachez bien, Monsieur, me dit-il, que s'il y a, dans cette bande de vauriens, deux ou trois hommes de Bohême, leur nez d'oiseau de proie, leur teint cuivré témoignent de leur origine; ceux-là, il faudrait les reconduire à coups de trique à la frontière ; les autres sont français comme vous et moi.

C'est pour vivre de débauche et de paresse qu'ils se réunissent aux premiers. Ce sont presque tous des jeunes gens de seize à vingt ans, que l'horreur du travail et l'amour du vagabondage entraînent.

Qu'on crée donc, en Algérie, de nombreuses compagnies de discipline; qu'on y envoie tous ces vagabonds sans feu ni lieu : qu'à certaines heures on leur apprenne le maniement du fusil et l'exercice ; que le reste du jour, on leur mette une pioche et une pelle à la main pour faire des routes, défricher le maquis, contruire des villages.

Au bout de deux ans, une discipline sévère en aura ramené au bien quatre-vingt-dix sur cent ; envoyez-les alors au Tonkin ou au Sénégal, comme soldats dans la légion coloniale, ils rentreront en France et seront des citoyens utiles.

On aura bientôt purgé les villes et la province de milliers de jeunes vauriens voués au mal, à la prison, au bagne ; on coupera le mal dans sa racine. Si les voleurs n'avaient pas des jeunes à raccoler, leur nombre serait bientôt diminué de moitié ; n'est-ce pas là ce que le gouvernement devrait faire ?

Voilà un homme simple, me dis-je, en répondant à sa proposition, par mon complet assentiment, qui, dans son bon sens, sans avoir lu, ni médité maints articles de journaux sur le danger de la démoralisation croissante, en pourrait remontrer à plus d'un de nos législateurs.

La politique des partis ne l'intéresse guère ; ce qu'il veut, ce qu'il demande, c'est de la bonne et forte administration ; c'est la réhabilitation du gendarme ; le salutaire effroi du tricorne.

Je donnai le temps à Monsieur le maire de rédiger sa plainte et lui promis de la déposer tout à l'heure au parquet du tribunal de Puget-Théniers.

Puget-Théniers est dans une gorge étroite. Lorsque, au printemps, le soleil frappe les maisons exposées au midi, on y trouve la température de Nice, alors que, au nord, la neige tient encore sur les toitures et sur le sol.

Au mois d'août la chaleur y est forte.

Des croisées de nos chambres, donnant, au Nord, sur de petits jardins enserrés entre les maisons et la montagne, nous eûmes sous les yeux un vrai tableau de Greuze. Le réalisme d'aujourd'hui s'accommode mal avec le gracieux et le sentimental des compositions de Greuze et si la réputation du maître était à faire, *l'Accordée de Village*, *le Retour du Laboureur* gagneraient difficilement leurs places dans nos musées; mais en dépit du parti pris qui peut faire préférer un Goya à un Raphaël, une sorcière à une madone, souvent la poésie l'emporte, et nous laissâmes, sans nous en défendre, une larme venir mouiller nos yeux :

Une belle jeune fille, blanche comme un lis, aux pommettes légèrement empourprées d'incarnat, est étendue dans un grand fauteuil, souriant comme sourit celle qui va mourir à la chute des feuilles.

Sa mère et sa sœur s'empressent auprès d'elle et comme la Charlotte de Werther, préparent des tartines de beurre frais que la pauvrette trempera dans sa tasse de thé.

Devant elle se tient un jeune homme, celui peut-être qui fut son fiancé, tout rouge d'une longue course, ruisselant de chaleur dans son vêtement de toile grise, qu'on pourrait croire sortir des mains des lavandières du ruisseau de la Roudoule, tant il est maculé de sueur.

Le père le blâme de sa folle équipée ; mais, lui, est heureux du regard de la jeune fille dont le sourire est un tendre reproche. Il vient de faire dix kilomètres en une heure, pour rapporter, des laiteries du mont Maïrola, un peu de beurre frais... un caprice de malade.

Vingt fois, il a dû, pendant la route, tremper dans les eaux du torrent le panier et les feuilles enveloppant son trésor pour le disputer à la chaleur du jour qui, cependant a réduit sa provision de moitié.

Puget-Théniers n'a pas de beurre, en été, mais les fruits les plus beaux et les plus savoureux y abondent.

Je ne manque pas de déposer au parquet la plainte du maire de Ville-Passan, mais bien certain que la justice ne donnera pas plus d'attention à cette affaire qu'à tant d'autres du même genre ; il n'y a plus de police en France.

De Puget-Théniers à Saint-Martin-du-Var (40 kilomètres).

Hôtel des Diligences.

Nous quittons Puget-Théniers de grand matin ; nous avons une longue étape à faire et la chaleur sera forte, dès que le soleil pourra nous atteindre ; mais la route que nous suivons en descendant la vallée du Var, est des plus pittoresques.

La montagne de Rocca Forte domine le fleuve au nord ; le village de Touet-le-Beuil surplombe les rochers escarpés au pied desquels nous passons.

Nous arrivons au pont de Sainte-Petronille ; au sud, se dresse le pic de Brune, 1,518 mètres, dépendant de la chaîne de l'Esteron.

Voilà Villars et les ruines d'un château des Grimaldi ; puis la Roche-Rousse et la cime du Vial, 1,551 mètres ; le confluent de la Tinée ; le défilé de l'Echaudan.

Nous sommes au fond d'une gorge qu'enserrent, à droite et à gauche, des parois verticales de plus de 200 mètres de hauteur. La route passe sous un tunnel ; nous traversons la Vésubie ; nous sommes à Saint-Martin-du-Var. De l'autre côté, sur la rive droite du fleuve, nous apercevons le Broc, Carros, Gattières, et la silhouette du rocher de Saint-Jeannest, si imposante, si belle de forme et de couleur.

Nous laisserons la voiture à Saint-Martin-du-Var; après le midi, après la sieste, nous remonterons, en nous promenant, de l'étroite vallée de la Vésubie, par des sentiers aux pentes abruptes, sous la conduite d'un garçon du pays, jusqu'à Levens. Joseph viendra nous y rechercher, le lendemain, dès l'aube; nous descendrons à Nice par une belle route, tracée dans une fente des rochers, qui passe au pied du Mont-Chauve, laisse deviner le village de Falicon, traverse Saint-André et suit la rive droite du Paillon.

Nous arrivions aux dernières maisons de Saint-Martin-du-Var, en remontant vers Boson; sur un grand fauteuil d'osier, les pieds au soleil, enveloppés d'une chaude couverture, la tête abritée par une toile formant tente au-dessus de lui, reposait, les yeux ouverts, un homme jeune encore, aux traits ravagés par la maladie, que la mort allait prendre, ce soir, demain, dans deux jours.

Malgré l'altération des traits de son visage, je pus, sans hésitation, le reconnaître : c'est Robert des Vallons, dis-je à Mme Louise, allez en avant; vous m'attendrez à l'extrémité du village; je vais lui serrer la main.

Le lieutenant Robert des Vallons arrivait du Tonkin; il revenait mourir en France, abattu par l'anémie, les privations de toute nature.

J'avais été l'ami du peintre Leraillé. Plusieurs fois, chez lui, j'avais rencontré Robert des Vallons; et, Leraillé, dans le besoin d'épancher son cœur, m'avait dit quelques mots de ses tourments à l'égard de la jeune Mathilde Desgrossous; de sa crainte de ne pouvoir la marier à Robert des Vallons.

Je m'approchai du moribond; au nom de Leraillé son œil s'anima; il me prit les mains, les serra convulsivement. Merci, merci! s'écria-t-il.

La bonne femme qui le gardait s'écarta; je pus causer avec lui quelques instants.

— J'arrive de là-bas, me dit-il; j'étais sur le point d'y mourir. Ils m'ont embarqué... peut-être ne voulaient-ils pas qu'une nouvelle croix vint prendre, au cimetière, une place nécessaire à d'autres... la mer est un tombeau plus vaste et plus discret...

Que m'importait? Je n'ai plus de famille... Je pus cependant prendre terre et, à mon arrivée, ces braves gens, les parents d'un camarade du régiment, étaient là pour me recueillir et m'amener chez eux; me soigner comme leur fils, adoucir mes souffrances; m'épargner les appréhensions du départ pour l'éternité... comme si j'avais peur de la mort... comme si je pouvais regretter la vie...

— Je voulais écarter ces tristesses; lui objecter sa jeunesse, sa constitution vigoureuse...

— A quoi bon? me dit-il, en me pressant la main. Quand vous connaîtrez toute ma vie, vous comprendrez que je puis partir sans regrets...

Je suis bien heureux de vous voir... J'ai là un secret que je ne pouvais pas dire; un manuscrit que je ne voulais pas livrer à la curiosité publique et que, cependant, faiblesse! Je ne pouvais me résoudre à anéantir, à brûler.

C'est l'histoire de Leraillé; c'est la mienne.

Celui qui l'a écrite a terminé par ces mots : Puisse la satisfaction du devoir accompli adoucir ses regrets!... puisse-t-il oublier!

J'ai fait mon devoir... J'ai bravement conquis mes grades et ma croix... Hélas! je n'ai pu oublier..... Voilà pourquoi je meurs sans regrets.

Rendez-moi un service; prenez ce manuscrit. Je l'ai toujours porté là, sur ma poitrine..., au feu comme partout. Vous le lirez en souvenir de Leraillé, en souvenir de moi.

Vous en ferez ce que vous voudrez... plus tard... plus tard... Les Desgrossous m'ont fait bien du mal;

ils ont assassiné Leraillé, tué Mathilde, ma fiancée...

— Silence, cependant !... grâce pour eux !

— Vous le voulez bien ? merci !

Le curé du village s'approchait... un ancien soldat, lui aussi... il venait causer avec le lieutenant comme chaque jour.

Sans chercher à calmer mon émotion, je lui dis : au revoir, en montrant la voûte azurée et je le laissai avec le serviteur de Dieu.

Après avoir suivi l'étroit sentier qui longe la conduite menant à Nice les eaux de la Vésubie, nous remontâmes à Levens, et, le lendemain matin, quatre-vingts jours après notre départ de Paris, nous traversions Nice. Sans nous y arrêter, nous montions au milieu d'un nuage épais de poussière la côte du Montboron qui mène à Villefranche, la corniche d'en bas ; nous traversions, dans sa largeur, la presqu'île de Saint-Jean et nous ne tardions pas à mettre pied à terre à la porte de la villa Balnieri.

Une ruelle de campagne sépare les écuries de la propriété ; on traverse le jardin, dans toute sa longueur, pour arriver à la maison ; la villa domine la mer qui bat le pied du mur de la terrasse.

Un air toujours frais tempère les ardeurs du jour ; le renflement boisé qui forme arête au milieu de la presqu'île, abrite les habitations de Saint-Jean du soleil de midi et du soir ; des oliviers, des chênes verts, des caroubiers couvrent les jardins de leur ombre légère ; des fleurs de toute espèce tapissent le sol, répandant un parfum pénétrant, et la vue dont on jouit sur la baie du cap Roux, avec le promontoire d'Aglio et le cap Martin pour limite, repose l'œil et la pensée.

La tête de chien qui domine Monaco, les hauteurs de la Turbie, Eza sur son rocher, ces bois d'oliviers qui descendent jusqu'à la mer, Beaulieu, la route et la voie ferrée avec ses tunnels où s'engouffre la fumée des locomotives, le flot bleu qui bat le rocher de son écume, l'air léger, transparent, rosé qui enveloppe le paysage, forment le plus ravissant tableau.

Là bas, à la pleine mer, une barque de pêcheur à la voile blanche triangulaire, un grand navire dont la silhouette se détache à l'horizon, passe et se perd dans le lointain, donnent à ce tableau la vie et complètent l'ensemble du plus beau séjour qu'on puisse rêver.

Derrière ce petit promontoire, à notre droite, des cris d'enfants, des rires argentins de jeunes femmes, plus sonores de jeunes hommes, ont retenti ; deux ou trois familles dont les villas avoisinent la nôtre, se sont réunies pour prendre gaîment le bain du soir.

Saint-Jean, c'est le paradis des Niçois, l'été, comme Nice, avec toute sa côte parfumée, l'hiver, est le paradis de la France.

Nous venons de voir, depuis trois mois, de bien beaux pays, de bien belles montagnes, des horizons splendides, eh bien! rien ne peut égaler, pour le charme des yeux, pour le repos de la pensée, les tableaux dont on jouit de toutes les routes en lacet, qui s'élèvent au sommet des collines entourant Nice, avec la vue de la mer bleue, de ses golfes et de ses promontoires et, tout ensemble, des montagnes neigeuses qui ferment la vallée du Var et dominent le col de Tende.

Nous avons atteint le but de notre voyage; bien gagné le long repos que nous allons prendre à Saint-Jean-Beaulieu.

Je voulais accompagner Robert des Vallons à sa dernière demeure.

Je pus être prévenu à temps de sa mort; je pus réclamer pour lui au général, commandant à Nice, un piquet d'honneur, qui, détaché de la garnison du mont Chauve, vint faire parler la poudre sur la tombe du soldat, et qu'accompagnèrent bon nombre d'officiers venant saluer une dernière fois le camarade, mort pour la patrie.

La comtesse de Mauperth disait, ce soir là même, à son mari : savez-vous, mon ami, que j'ai éprouvé, dans ce voyage, de bien vives angoisses... ce pauvre lieutenant... mourir si jeune... loin du champ de bataille...

Oh! vous jouez l'indifférence... si vous aviez pu voir comme, vous aussi, vous étiez affecté...

Puis encore, à Saint-Laurent-de-Bachelard, vous vous rappelez comme j'ai eu peur? quelle nuit! quel orage! je croyais que la masure allait tomber avec nous...

— Je vous ai vue si brave, ma chère enfant, en présence d'un danger plus sérieux, lors du tremblement de terre de Nice, que je ne puis douter de votre sang-froid, de votre courage.

— Mais vous ne comprenez donc pas, mon ami? au tremblement de terre de Nice, ce n'était pas du tout la même chose; rappelez-vous donc que c'était le matin...

Comme tout le monde, nous nous sommes précipités dans la rue... tandis qu'à Saint-Laurent, c'était la nuit...

C'est peu aimable à vous d'avoir déjà oublié...

— Je n'ai rien oublié, ma chère Louise; mais ne craignez-vous pas de vous laisser aller trop tôt à des espérances...

— C'est possible... mais, si je veux espérer, moi !...

— D'accord ; cependant, si vous m'en croyez, attendez encore un mois avant de commander la layette...

— Méchant ! va !

Et la conversation continua longtemps encore sur tous les détails du voyage ; sur les divers incidents de la tempête de Saint-Laurent-du-Bachelard.

.*.

Neuf mois plus tard, nous supplions nos lectrices de nous en croire, les amis de M. et de Mme de Mauperth recevaient un billet à peu près ainsi conçu : Monsieur le comte et madame la comtesse de Mauperth ont l'honneur de vous faire part de la naissance de leur fils Jean... etc.

.*.

L'étendue du manuscrit que le lieutenant Robert des Vallons avait confié à M. de Mauperth nous force à rejeter de ce volume l'épisode le plus dramatique du journal de notre ami.

Il formera un second volume du voyage de *Paris à Nice en 80 jours*, sous le titre particulier de *Desgrossous père et fils*.

Hâtons-nous d'ajouter que le vœu du mourant a été respecté ; tous les acteurs de ce drame ont, en peu d'années, disparu de la scène du monde parisien.

FIN DE LA PREMIÈRE PARTIE

TABLE DES MATIÈRES

	Pages
Souvenir de jeunesse.	2
Projet de voyage.	5
Monsieur le comte et madame la comtesse de Mauperth.	8
Où irons-nous ?	13
Le 21 mai 188... — Départ. — Montlhéry, la Ferté-Alais, Milly.	15
Marlotte, Moret, Montereau.	19
Vallery. — Notre ami Delaunay. — Son aventure à Villeneuve-la-Guyard.	24
Sens. — Joigny.	37
Auxerre. — M. le Curé de***. — Les remords de maitre Baltète.	43
Arcy-sur-Cure. — La Cure. — Vezelay. — Le Cousin. — Avallon.	52
Noyers. — Tonnerre. — Le tombeau de Marguerite.	58
Tanlay. — Ancy-le-Franc. — Montbard.	63
Semur. — Madame de Remusat.	69
Funérailles de Dubreuil.	70
Flavigny. — Alise. — Vercingétorix.	81
Château de Bussy-Rabutin. — Sources de la Seine.	85
Saint-Seigne. — Le Val Suzon. — Gazelle et Rototo.	89

	Pages
Dijon. — Le Mont-Afrique. — Château d'Urcy. — Le Mulet..........	103
Côtes de Nuits et de Beaune. — Le Pinot, le Gamay. .	126
Beaune. — Piron..........	133
Vallée de la Cuzanne. — Nolay. — Epinac. — Sully. .	136
Autun. — le Creuzot. — Montchanin........	140
Châlon-sur-Saône. — Tournus..........	146
Louhans. — L'infanticide et les gendarmes......	150
Lons-le-Saunier. — L'affaire Lambert........	156
Clairvaux. — Saint-Laurent. — Morez. — Saint-Claude Gex..........	199
Divonne. — Fernande Salard et Monsieur Marcus. . .	208
La Dôle. — Ferney. — Voltaire. — Bellegarde. . . .	215
Le Val-de-Fier. — Rumilly. — Annecy. — Albertville.	221
Montmélian. — La vallée du Graisivaudan. — Allevard	228
Grenoble. — Théories politiques de César de Jouvance.	235
Grenoble. — Lesdiguières. — Sassenage. — Le pavillon de la Verveine..........	255
Vizille. — Bourg d'Oisans, le Glacier de Mont-de-Lans.	261
La Grave. — Le Glacier de la Meije. — Briançon.	274
Embrun. — Barcelonnette. — Larche. — Vinadio. . .	278
Isola. — Saint-Martin-Lantosque..........	286
Saint-Sauveur. — Guillaumes. — Saint-Laurent-de-Bachelard..........	289
Colmars. — Annot. — Entrevaux. — Les bohémiens. — Puget-Theniers..........	298
Saint-Martin-du-Var. — Le lieutenant Robert des Vallons..........	307
Nice, 7 août 188... — Saint-Jean-Beaulieu......	311

FIN DE LA TABLE

L'histoire du lieutenant Robert des Vallons formera à elle seule un second volume, sous le titre de : *Desgrossous, père et fils.*

FEUILLES DE LA CARTE DU DÉPOT DE LA GUERRE

A CONSULTER :

- Nos 65. — Melun.
- — 80. — Fontainebleau.
- — 81. — Sens.
- — 96. — Auxerre.
- — 111. — Tonnerre.
- — 97. — Avallon.
- — 112. — Dijon.
- — 125. — Beaune.
- — 136. — Autun.
- — 137. — Châlon-sur-Saône.
- — 138. — Lons-le-Saulnier.
- — 149. — Saint-Claude.
- — 150. — Ferney-Thonon.
- — 160 *bis*. — Annecy.
- — 169 *bis*. — Albertville.
- — 179. — Alleva-Saint-Jean-de-Maurienne.
- — 178. — Grenoble.
- — 188. — Vizille.
- — 189. — Briançon.
- — 200. — Gap.
- — 201. — L'Arche.
- — 213. — Saint-Martin de Lantosque.
- — 224. — Castellane.
- — 225. — Nice.

A la librairie militaire Dumaine, rue Dauphine, Paris.

Lithographiée....... 0 50 c. la feuille.
Gravée............... 2 fr. —

Versailles. — Imp. Henry LEBON, 9, rue du Potager.